SPORT ATLANTIDA, HUANCAVELICA, PERU

INDICE

CAPITULO I
FASE DE GRUPOS Día 1 al día 13

CAPITULO II
OCTAVOS DE FINAL DIA 14 AL DIA 16

1. RECUERDOS DE LA TORRE
2. LA ERA DEL CIRCUITO CERRADO
3. LAS BRONCAS

CAPITULO III
SEMIFINALES DIA 17 AL DIA 19

1. CUANDO DEJA DE SER FUTBOL , FACTOR LEGAL
2. EL FACTOR PUTO
3. FUTBOL JUVENIL

CAPITULO IV
LA FINAL DIA 20 AL 23

1. PARTIDO DE ASCENSO. COMO LA VIVEN LOS CHES
2. EL FUTBOL ES SOCIAL & ¿QUIEN ES EL MEJOR?
3. LA MODERNIZACION DE LOS ARBITRAJES
4. LA FIFA

PROLOGO

Este libro va dedicado a todos aquellos que han pisado un gramado, pista, potrero, cancha de fútbol o fulbito en sana diversión jugando el deporte de su pasión. Va dedicado a todos Ustedes hombres, mujeres, chicos, chicas, amateurs, profesionales (especialmente aquellos quienes han mantenido su humildad & practican buena ética de trabajo) jóvenes, viejos....todos los que juegan por el amor al deporte.

Una cancha es un micro mundo, en ella te encuentras una diversidad de personas, culturas y situaciones. Por allí suelen decir que de las cosas sin importancia, el fútbol es el más importante. Sin embargo en una cancha te encuentras con todo una amalgama de emociones y factores, alegrías, tristezas, rabia, pundonor, cobardía, caballerosidad, picardía, en fin de todo.

Otros dicen que el fútbol es como la vida. Hay que practicarla de una manera simple, sin complicarse. Allí es donde entra a tallar la preparación física y la cohesión del equipo que son fundamentales.

Este narrativo es un relato de las experiencias y recuerdos de un muchacho de 19 años que quiso saber lo que era ir a un mundial. Fue, lo vivió y lo palpo, volviendo de el con muchas lindas experiencias y recuerdos. El mundial de turno que le toco fue el de México 1970. El formato es de tipo diario que iba llevando de día a día.

En ese momento no lo sabía, pero el equipo al que venía siguiendo sería bendecido como "el mejor elenco mundialista haya representado al Perú". Seguro que pudieran haber habido mejores equipos pero este fue el que más alto llego en logros. Un séptimo puesto en el mundial del 70.

Intercaladas hay anécdotas y notas sobre experiencias relacionadas al futbol ya sea a nivel juvenil, amateur y profesional. Recuerdan que el futbol siempre será del pueblo, sin distinción de raza, nacionalidad o condición social. Ojala les guste. Cada uno vive el futbol como lo siente.

CAPITULO I

VAMOS AL MUNDIAL......RECUERDOS DEL MUNDIAL DEL 70 (se germina la idea)

El año era 1969 y varios muchachos del equipo de fútbol hablaban del mundial de México que se iba jugar el próximo año. Todo era como un sueño lejano, la posibilidad de ir al país vecino y presenciar la máxima competencia de fútbol del mundo. Recordábamos el último mundial en donde se impusieron los europeos en una final electrizante, bien al estilo de ellos, fútbol fuerza, con el resultado polémico Inglaterra-4 Alemania-2. Fue un mundial controversial donde el fútbol fuerza predominó sobre el fútbol talento. A Pele, la gran esperanza de América, lo anularon a patadas.

Ir a ver leyendas como Pele, Tostao, Teófilo Cubillas, Bobby Charlton, Uwe Seeler, Beckenbauer sería lo máximo. El hecho de que se iba llevar a cabo en un país vecino hacia más posible hacer realidad ese sueño. Eramos un grupo de jóvenes sud-americanos radicados en USA que hacíamos planes de ir al mundial. América, sería representada por buenas escuadras como Brasil, Uruguay, Méjico y Perú. Habría la oportunidad de cobrarse la revancha contra los europeos.

Volviendo a nuestra historia , vivíamos en Chicago y el colegio por el cual jugábamos era Kendall College, ubicada en la bonita zona universitaria de Northwestern University en la ciudad de Evanston, estado de Illinois. Conformábamos un grupo internacional, representando a 4 continentes: Africa, Norteamérica, Sudamérica y Europa. Había un uruguayo, un brasilero, un inglés, un haitiano, un canadiense, un cubano, un sierra leonense, tres peruanos y el resto, estadounidenses.

Pese a ser un colegio chico, en el segundo año armamos un buen equipo y empatamos 2-2 con una potencia como la universidad de North Western que el año anterior nos había goleado 8-0. En este partido de revancha dejamos todo en la cancha, sangre, sudor, garra, y pundonor. Faltando 10 minutos para finalizar el match, como buen volante de quite (contención) me estrellé con mi homólogo del equipo contrario. Fue a una velocidad que provocó un impacto que nos lanzó a los dos al suelo, aun peleando por el balón con tenacidad y la adrenalina propia de dos chicos de 18 años. Pelota dividida, pelota de hospital, suelen decir en USA. Un intercambio de patadas luego se convirtió en una demostración de artes marciales con patadas y puños volando por doquier. Ambos fuimos expulsados y el ojo morado no amargó el dulce sabor de haberle sacado un punto de oro a los favoritos. Nuestro equipo había logrado una armonía y cohesión bastante buena. Lástima, que era el último juego de la temporada. En esa época le daban más importancia al béisbol y el fútbol americano. Las temporadas del fútbol- balompié eran más cortas.

Los días iban pasando y el día de la apertura del mundial coincidía con la ceremonia de mi graduación, a fines de Mayo 1970. Un compañero me iba a hacer la gauchada de recibir mi diploma. Mi madre vivía en Perú y mi viejo había fallecido hacía 3 años así que no tenía familia con quienes festejarlo. Los más cercanos estaban en Long Island, New York. Resulta que todos los charlatanes soñadores, amigos que iban a hacer el viaje conmigo se echaron para atrás. Sus respuestas eran variadas: "Hermano no puedo porque acabo de conseguir chamba." ; "No, que tengo que estudiar y mi mama no me deja!" "No, que mi novia se va a poner brava." "No puedo, no tengo plata."…" Me acaba de llamar el servicio militar… etc. Uno por uno se iban disculpando. Yo ya tenía fijado en la mente partir en el próximo ómnibus para el sur. Había cortado pasto, pintado casas, trabajado en un taller donde reparábamos cintas de películas. Había juntado un gran total de 137 dólares de los cuales 95 me quedaban después de pagar el pasaje en la empresa Greyhound hasta la frontera con Méjico. Les dije "Déjense de vainas yo si pienso ir, es la oportunidad de toda una vida." No andaba atado a nadie y acababa de cumplir 19 años. No se necesitaba mucha plata, ya que en el Méjico 70, las entradas a la popular, atrasito del arco eran de 10 dólares por partido. El hotel y comida salían aproximadamente 2 a 5 dólares por día. Después de dos años de estudios era irresistible la "gran aventura" de salir a conocer otra parte de este gran mundo que tenemos, y participar de un mundial. Eso me serviría de una buena educación.

La mascota Juanito y el afiche.

NOTA; El mundial de México 1970 fue el primer mundial televisado a todo el mundo en vivo y a color.

DIA 1, sábado, 30 de mayo

Es mi último día en Chicago. Voy organizándome para partir en un bus de la Greyhound hasta la ciudad de Laredo, Texas. Un amigo me deja en la estación de buses. En medio de una llovizna salimos a la medianoche.¡ EMPEZABA LA GRAN AVENTURA!

Miles de pensamientos me atravesaron la mente. Recordé como grité los goles de Cachito Ramírez en el famoso empate 2-2 en la Bombonera contra Argentina. Ni siquiera vi el partido porque al morir mi viejo mi madre nos mandó a mi hermano y a mí a vivir en Long Island, New York con la abuela Hortensia. Lo leí en unas líneas de un periódico local. Al enterarme de la noticia explote con gritos de júbilo. La vecina gringa del lado habrá pensado que estaba completamente loco.

Mi padre, Don José Alberto Alcázar, natural del Cusco, había sido jugador de fútbol. Militó en el Circolo Deportivo Italiano, Colegio La Salle, Ciencias Médicas, San Marcos, Sport Sangre, Escuela Militar de Chorrillos y finalmente Alianza Lima y Hempstead Football Club de Long Island. En el ámbito futbolero fue conocido como "Pate Yuca".

En su corta estadía con Alianza llego a jugar con leyendas como Adelfo Magallanes y Teodulio Legario. Le toco marcar a astros como Lolo Fernández. "Para disputar una bola aérea con Lolo, había que

11

estar bien papeado y maseteado" decía él. Lolo era fuerte como un toro y siempre venía de frente". Cuentan las leyendas que formar barrera ante un tiro libre de Lolo era cosa de machos, ya que más de uno quedo tendido inconsciente en el gramado al rechazar de cabeza, lo que era un gol seguro. Esto le ocurrió al defensa Otto Pretzel en una amistoso entre la U y el combinado, Sport Sangre.

Jugó al lado de Adelfo Magallanes quien estaba en el ocaso de su carrera." El Bólido" se floreaba con algunas jugadas magnificas pero después era el joven Pate Yuca quien tenía que ir a recuperar la pelota.

Durante mi adolescencia me lleva al estadio Nacional José Díaz a ver al Santos de Pele, al Botafogo de Garrincha, al Benfica de Eusebio, al Real Madrid de Amancio y Puskas, también al "Rey de Copas", Independiente, River, Racing etc. A mediados de los 60, los mejores equipos peruanos, La U, Alianza, Boys, Defensor Arica y Municipal se fogueaban con estos equipos, en amistosos y juegos competitivos...(La Libertadores)..... LA EPOCA DE ORO DEL FUTBOL PERUANO HABIA COMENZADO!

DIA 2 domingo 31 de mayo

Llegamos a San Luis a las 0600. Hay noticias de un terremoto de escala 7.8 en Perú que sería desastroso para la zona norte y de Yungay. Es el día de la apertura del mundial y México y Rusia juegan a un 0-0. Hacemos una parada cortita en Oklahoma City donde me llama la atención ver tantas chicas bonitas. A la media noche llegamos a Dallas donde alguien se acerca al bus a ofrecer mariguana. Las calles de Estados Unidos estaban inundadas de drogas, era una forma de vida. Pasamos por San Antonio, Texas donde podemos divisar la famosa misión..."El Alamo" donde se llevó a cabo una pequeña batalla siempre glamorizada por Hollywood. Aunque fue un triunfo mexicano, les significo a la larga la pérdida de 1/3 de su territorio nacional. Irónicamente los mejicanos les daban su libertad en el acto a los esclavos que traían los colonos anglos. Quienes fueron los verdaderos libertadores?

Luego llegamos a la ciudad fronteriza de Laredo. Allí a buscar rápidamente la oficina del cónsul de México, ya que el sol estaba por meterse. El señor cónsul se portó de mil maravillas con nosotros los estudiantes. No nos cobró ni un cobre y nos facilitó la entrada a México. Pese a que la oficina estaba por cerrar, nos trató muy amablemente y nos selló el pasaporte a los cuatro que estábamos allí. Eramos cuatro muchachos, compañeros del destino: un mejicano de nombre Luis, un británico, un norteamericano y yo. Los cuatro tomamos rumbo hacia la frontera y luego a buscar la estación de buses.

En los periódicos hay más información del terremoto y el alud que destruyó a Yungay. Los muertos y desaparecidos llegan a 70,000. Solo se podían divisar los copos de las altas palmeras de la plaza principal. Irónicamente los que se pudieron salvar eran los que estaban en el cementerio y un grupo grande de niños quienes asistían un circo. Estos refugios del momento estaban a una altura más alta y afuera del cauce del lodo. QUE TERRIBLE! Solo queda rezar por ellos.

En la terminal nos despedimos y cada cual toma su ómnibus. En la noche llego a Monterrey y una joven y su mama me invitaron unos pastelitos. Compartimos conversación y pasteles.

El sorteo de grupos.

ARRIBA CIENCIANO

Quien iba a pensar que el primer equipo peruano y el único en ganar alguna justa internacional fuera el equipo de la "Ciudad del Sol", Cienciano del Cusco. Ningún equipo capitalino, lo logro.....La U tuvo dos chances (1968 & 1972) y S. Cristal (1997) la otra, en finales de la Copa Libertadores. Sin tener jugadores descollantes los rojos formaron un equipo cenicienta y concretaron una racha milagrosa. Un grupo de jugadores, juntados por el destino encontró la química necesaria y suerte para conseguir buenos resultados. Freddy Ternero los hizo caminar sobre brasas calientes y les ofreció clases de artes marciales para elevar el auto-estima. El resto fue historia, tumbaron a grandes como Atlético Nacional, Santos, River y Boca allá en el 2003-2004. Caso curioso que en ninguno de estos partidos era el favorito. Logros: Copa Sudamericana 2003 & La Re-copa 2004.

Día 4, martes 2 de junio

Luego de haber pasado por Monterrey, Saltillo y Lagos de Moreno llego a la linda ciudad de León. Alrededor de la plaza central hay algunos hinchas peruanos alborotando. Voy al hotel Condesa y me compro las 6 entradas del grupo D de Perú donde también están Alemania, Bulgaria y Marruecos. Me salieron un total de 60 dólares en la popular sur. Es para reírse cuando uno ve lo que cobran hoy en día.

Veo que se está congregando gran cantidad de gente en la plaza central. Me uno a la gran procesión que parte para el estadio León. El ambiente que se vive es de relieve histórico, de alegría y muchas expectativas. Es el primer mundial que la Fifa le ha otorgado a México. Los cuates están de muy buena onda y todos están a la expectativa. Para Perú también es un momento verdaderamente histórico ya que no iba a un mundial desde 1930 en Uruguay y a un evento deportivo-mundial desde las olimpíadas de Berlín 1936............miento, las olimpiadas de Italia 1960.......pero fue una actuación para el olvido. Las trágicas semi-exitosas-controversiales

15

actuaciones de Berlín quedaron más marcadas en las memorias peruanas.

En el ómnibus camino al estadio de León hay una banda de música y se vive la fiesta del fútbol. El estadio con capacidad de 35,000 almas está alborotado. Empieza el primer partido del grupo D entre Perú y Bulgaria. Perú salió a la cancha con cintas negras de luto por las víctimas del terremoto. El encuentro empieza algo decepcionante, los búlgaros se ponen arriba 2-0. Didí los debe de haber puteado durante el descanso porque en el segundo tiempo salió un equipo totalmente inspirado que se llevó por delante al rival y lo avasalló. Sotil, Chumpi, Gallardo, Cubillas, Gonzales, Challe, Fuentes y compañía la rompieron. Fue como ver magia a un Hugo Sotil inspirado que les quebró las cinturas colectivas a toda la defensa búlgara. No había como pararlo, era como si le hubieran dado cuerda y bailaba un huayno endemoniado. Después de un golazo típico (balazo al ángulo) de Alberto Gallardo vino el empate de tiro libre y cayéndose anoto el 2-2, el gran capitán, Héctor Chumpitáz. La yapa fue el gol del triunfo del Nene Cubillas y el estadio se vino abajo. Era un pandemonio de emoción y las lágrimas me empezaron a brotar de la alegría, al igual que muchos de los jugadores e hinchas. Era un momento verdaderamente apoteósico...Perú volvía a un mundial con el pie derecho. Fue su primer triunfo en mundiales de toda su historia. Un verdadero motivo para decretar fiesta nacional. TODO PERU ESTABA DE FIESTA. Con toda la gallada peruana-mexicana nos vamos caminando desde el estadio hasta el centro. En un televisor pudimos ver el Inglaterra-Rumania que acabo 1-0. Me alojé en el hotel Tepeyac. Esa noche hacía calor y los cuartos no tenían aire acondicionado. Salí a dar una vuelta, tomar algún refresco y conversar con las chicas de una tienda cercana.

LA JUNGLA DE CEMENTO

Perú pueblo poco acostumbrado a ir a citas planetarias, tuvo una generación dorada que les permitieron meterse entre los 8 más altos del mapa futbolístico. Esta bonanza futbolística histórica duró casi dos décadas, 1966-1986. Aquellos que vivimos el fútbol peruano de esas épocas fuimos unos verdaderos engreídos. Habían cracks de sobra, a quienes emular, los campeonatos eran súper emocionantes pese a que se descentralizo recién en el 1966.

Luego vino la merma, quizás porque las divisiones inferiores fueron descuidadas y también la falta de canchas de futbol. En Lima se jugaba y aun se juega más fulbito que fútbol. Creciendo en Lima en los 60-70, era un lujo jugar en una cancha de futbol. A veces íbamos a Las Palmas, cancha de la fuerza aérea. Más que nada se jugaba en la calle o el parque Paseo de la Republica que después se convirtió en el Zanjón. Lima iba creciendo a un paso desmesurado y las zonas verdes eran sacrificadas y asfaltadas.

También hubo fulbito en las playas, fútbol solo en clubes o colegios. Al parecer de todas las metrópolis Lima es una de las que por metro cuadrado, dispone de menos canchas de fútbol. En Córdoba Argentina por ejemplo hay parques donde te encuentras como 20 canchas de fútbol abierto al público. Escoges una y te metes a jugar con perfectos extraños...que por los momentos que estas allí se convierten en tus amigos y en algunos casos enemigos.....el mundo unido por un balón.

En 2010 un artículo del diario El Comercio constató que de las mil instalaciones deportivas en Lima el 70 % de las canchas eran de loza. En Buenos Aires, hay aproximadamente 3,500 instalaciones y el 90% de las canchas son de pasto natural o sintético. También llama la atención que solo 4 equipos profesionales tienen sus propios estadios, los demás alquilan. Cuando salió esta nota solo cuatro equipos mantenían un programa financiando a sus divisiones inferiores. Los grandes, Alianza, La U, Cristal y San Martin.

Día 5 mier. 3 de junio

Me levanto y la primera orden del día es ir al correo para despachar postales a todos mis seres queridos. El correo se encuentra lleno de internacionales. Luego a la plaza central que está también llena de gente. Almuerzo en un restaurante y converso animadamente con tres compatriotas. Vienen algunos alemanes haciendo bulla, hoy juegan Alemania y Marruecos, los otros miembros del grupo. Salgo a caminar por toda la ciudad. En la entrada del estadio uno de los policías queriendo hacerse el gracioso me llama cubano porque llevo puesto un chaleco color oliva militar. Llego 5 minutos tarde al partido y pese a ir perdiendo Alemania se repone y gana 2-1. Como siempre el público le hace barra al equipo chico, Marruecos.

Hay bastantes hinchas alemanes, muchos provenientes de bases militares en Texas. Müller, Beckenbauer y Seeler brillan como siempre. El partido es bueno pero ninguno de los dos me parece más fuerte que Perú. Me regreso a pie y me meto a una terminal de buses a ver el partido entre los tanos y los suecos. Triunfa Italia 1-0 en un encuentro que parece una guerra. Ambos abusan del juego físico. El ambiente es casual, uno puede acercarse a cualquiera y conversar, sigue la fiesta del futbol. Se respira mundial en el aire y la euforia que produce es contagiosa. Con unos señores que conozco en una tienda de artefactos eléctricos nos ponemos a conversar del Perú y el reciente sismo que sacudió a Yungay.

En el centro paso por una catedral y entro a rezar por las víctimas del sismo y a dar gracias a nuestro creador por haber llegado a México sano y salvo. La arquitectura es maravillosa, como en las iglesias coloniales del Perú. Allí veo por primera vez como los humildes fieles hacen el recorrido al altar desde la entrada de rodillas. Me impresiona su sencillez y tremenda fe. Vuelvo a la plaza central que se ha vuelto un lugar de encuentro social. No falta el hincha peruano o alemán completamente borracho quienes siguen celebrando sus respectivos triunfos. Firmo autógrafos y regalo todas las monedas que tengo de recuerdo. No es que me confundieron con algún jugador sino que simplemente era la costumbre de la época.

EL NUMERO CINCO.

La tarea del 5 volante central. Un número cinco tiene que tener ubicación, tratar de estar siempre en el lugar adecuado, es decir entre la pelota y su arco.....lo más difícil es jugar simple. El profe me decía:...........”Leo, corta y entrega”.......Con eso me martillaba la cabeza. Si hasta que llegue a pensar que no me quería, porque tanto lo decía que pensé que no le gustaba como jugaba. Pero con el tiempo aprendí por qué lo hacía y que fue la persona que más me enseño. Antes de recibir la pelota ya tienes que saber a quién se la vas a pasar. (Leo Astrada, del Tolo Gallego campeón mundial en el 78)

Día_6 jueves 4 de junio

No hay partidos, así es que me voy a la plaza a leer. Un policía
me corre del pasto. Una chica que conozco en la plaza central se
ofrece tejerme una bandera del Perú. Con su peculiar…"Mande? para
decir cómo? Me atrae su acento, típico de la región y su calidez.
Luego no la vuelvo a ver más, quizás por causa de padres recelosos.
Por la radio dicen que será difícil ir a Guadalajara donde se jugaran
los octavos de final, todos los ómnibus están repletos. Me pongo a
escuchar música y un peruano en el cuarto adyacente me pide a
gritos que baje el volumen. Lo complazco al pesado, bajando el
volumen…más tarde nos haríamos amigos. Creo que se me puso
medio liso ya que su vocabulario no fue muy mesurado.

JETS VERSUS CARCOCHAS

En un partido amateur en Miami, Florida…en el estadio Curtis
Park me tocó jugar de volante ofensivo. Aunque mi técnica no era
eximia, mi estado físico estaba 100 por ciento al tope. Esto gracias al
entrenador de la universidad de FIU. El tipo era de personalidad
poco amable, no sabía mucho de fútbol, racista con los latinos (no
permitía hablar español en la cancha y los camerinos) El fulano quien
había sido ex infante de marina fue un excelente preparador físico.
Varias veces hubo que llamar a una ambulancia porque algún jugador

se había desplomado después de hacer los "conitos" en sus entrenamientos.

Los conitos o UCLA's consistían en 5 conitos dispersados en más o menos 50 metros. Corrías al primero y volvías, luego al 2ndo , 3ero etc. siempre volviendo al punto de partida. Se hacían a toda velocidad y se repetían en 3 series. Esto era después del entrenamiento y partido de práctica. Eso sí, nos puso a todos en un estado físico de primer nivel. Cuando jugábamos partidos en nuestros equipos de la liga local amateur, éramos como jets jugando contra carcochas. Esa tenacidad, y rapidez de ser jóvenes, más la preparación, nos permitió esquivar muchos codazos y patadas. Uno verdaderamente disfrutaba del partido por la movilidad que tres pulmones te daban. Así se sentía uno. Ustedes que han tomado el deporte en serio y han tenido un buen preparador físico saben de lo que hablo.

Volviendo al partido, el cual empatamos a uno con un equipo guatemalteco, nuestro puntero saco un centro que sobró a todo el mundo y luego el carrilero del otro lado, la empalmó y mando el centro perfecto. La agarre bastante alto en el aire de chalaca. Parecía suspendido en el aire una eternidad y la pelota iba al ángulo en lo que parecía cámara lenta. El arquero en espectacular estirada la saco al corner. Todo el estadio se paró para aplaudir la jugada.....que sensación tan linda oír ese aplauso compartido con el arquero. Y eso que no fue gol. (el autor)

Día 7 viernes 5 de junio

Cumplo una semana en el mundial y la comida está baratísima, en dos dólares por día. El alojamiento también a 2 dólares por día no estaba mal. Si los triunfos del Perú me impresionaron por lo emocionante que fueron, la forma que nos trata el pueblo mejicano impresiona aún más. La personalidad colectiva de este pueblo es fenomenalmente amigable y alegre. Hay muchas similitudes con Perú. Me parece estar en mi propia tierra. Uno se siente como si estuviera en casa por la confianza y hospitalidad que nos han brindado nuestros hermanos y hermanas de este bello país, VIVA MEXICO!

No muy lejos de la plaza me encuentro un restaurante donde sirven seco de ternera, comida (papeo) peruana. El propietario era un peruano casado con una chica de León. Luego fui como haciendo la digestión, con una caminata a la plaza principal. A conversar y bromear con un montón de colegialas que enseguida me rodearon. Al lado hay un grupo de alemanes jugando fulbito en una calzada, durante la hora de la siesta. Día de descanso, pues no hay partido.

Alianza Lima versus Octavio Espinoza, Ica ..1940's

AMIGOS POR EL FUTBOL

En Ezeiza directivos del Racing y la prensa aguardaban la llegada del avión de Aeroperú. Esperaron largas horas por su nueva flamante contratación quien había sido cedido de préstamo por el Cristal. Nunca salió de la aduana así que todos volvieron a sus casas. Al día siguiente el periodista Julio López quien fue enviado al aeropuerto para hacerle una nota a Pimpinela ve que hay un muchacho durmiendo en el suelo.

¿Sera el jugador que todos esperaban ayer? se pregunta Julio. Va a investigar acercándose al cuerpo que yace horizontal. Ve el nombre del jugador en su maleta que era usada de almohada. Enseguida lo despierta....¿"CHE VOS SOS RAMON MIFFLIN"? El joven responde "Hola patita soy yo.". "ANOCHE VINO TODA LA COMITIVA DE RACING Y TE ESPERABAN!" "Si ya sé, perdí el vuelo, estuve celebrando con los amigos." ¿"CHE Y QUE VAS A HACER AHORA? "Esperare aquí hasta que alguien venga a rescatarme." " YO CONOZCO AL PRESIDENTE DE RACING, SI QUIERES TE LLEVO." "Bueno!" le dijo Ramón...vamos. Se ve que había trasnochado en gran forma así es que durmió todo el trayecto hasta la redacción y luego a casa de Julio a cenar. Lo podría haber raptado recordó años después Julio, porque durmió la mona todo el tiempo. Ya en casa..."¿QUERES VINO BLANCO O ROJO? Le pregunto la señora de Julio. "MUCHO!"...fue la respuesta de Ramón.

Eran las 2 am cuando llegaron a tocar el timbre de la casa del presidente de Racing." ¿QUIEN CARAJO VIENE A TOCARME LA PUERTA A ESTAS HORAS?" "Soy yo Julio López del Grafico y lo tengo aquí a Ramón Mifflin." El presidente bajo y le dio instrucciones a Julio de llevarlo al hotel Presidente. "MAÑANA TE VENGO A BUSCAR TEMPRANO PIBE!" En el hotel Ramón quería seguir chupando pero Julio solo tomo café. Le dio una advertencia a Ramón de que la gente con quien estaba tratando eran mafiosos y que tuviera mucho ojo.

"¿Pero tú no vas a venir conmigo? "NO, YO TENGO QUE TRABAJAR, le respondió Julio. Pero quedaron de encontrarse después de la entrevista. Al día siguiente Mifflin lo llama a López para que lo lleve al estadio de Racing. López lo transporta en su auto..¿QUE TAL TE FUE PIBE?"....Ramón: "De la puta madre....les saque el jugo a esos miserables, me van a pagar 400,000 dólares y además les exigí un bono de 150,000".

Llegan a los camarines de Racing y Ramón se presenta al equipo. "Sé que el club les debe 3 meses de sueldos atrasados, así que aquí le entrego al profe un cheque por 150,000 para que lo repartan entre ustedes. Así nos podemos concentrar en ganar partidos y yo ayudare en todo lo que pueda." Julio se queda admirado, chupan duro estos peruanos pero también son generosos.

Años después se cruzarían en Miami, Florida, cuando Julio estuvo internado en el Mercy hospital tras una seria operación de la laringe. Ramón se apareció preguntándole a la señora de Julio, "¿YA SE MURIO EL H P?" Estupefacto la mujer lo mira extrañada. "SOY RAMON MIFFLIN NO SE RECUERDA, EL QUE CENO CON USTEDES Y SE ACABO TODO EL VINO....SU ESPOSO NUNCA QUIZO ACEPTAR LA CAMISETA DE RACING QUE LE QUERIA OBSEQUEAR PORQUE ERA HINCHA DE INDEPENDIENTE." "A si Ramoncito! ahora si me acuerdo". Ramón se fue tan rápido como apareció pero le dejo un sobre para que se lo diera a Julio. La sorpresa fue de 5,000 dólares. Ramón nunca se olvidó de las atenciones de Julio en su corta estadía con Racing.

Ciencias Médicas

Día 8, sábado 6 de junio

El cambio está a 150 pesos por 10 dólares. Me doy un giro por la parte este de la ciudad, después de un desayuno de bistec a la ranchera en el mercado de la cuidad. León es famoso por su industria del calzado, y por esta parte de la ciudad abundaban las zapaterías. Viene la hora de irse al estadio Nou Camp porque juegan Perú contra Marruecos. El primer tiempo es flojo y termina 0-0. En el segundo tiempo vienen los goles. Perú gana sobrado 3-0. Con dos goles de Cubillas y uno de Roberto Challe. Después del partido paso por la terminal de buses y pido un sándwich. Es tan malo, que opto por tirar un "perro muerto", y me quito sin pagar. De noche vamos un grupo de peruanos a ver "las charriadas" que es un especie de rodeo o corrida a caballo donde los jinetes muestran sus destrezas. Luego a dormir con ganas.

¿QUE ES UN CLASICO?

¿ Que es un clásico?.....Un River –Boca...un Real-Barza...un Alianza-U.....un Man U-Man City?........ No solo es pasión, o el cruce de dos camisetas legendarias. Es también la memoria enorme de goles y figuras. Es la sensación incomparable de que por un rato solo existe ese partido y que el mundo, la vida y todo lo demás puede esperar.

Día 9, domingo 7 de junio

Me levanto hora y media antes del partido que se juega al medio día. Llego en la línea C deportiva, bus al estadio. Alemania sin atenuantes apabulla a Bulgaria por 5-2, en un verdadero festival de goles. Beckenbauer, Müller y Seeler hacen de las suyas. Por otro lado, Brasil se mide en un equilibrado partido de ajedrez con Inglaterra, campeones defensores. Los ingleses, disciplinadamente se paran muy bien en la cancha y le roban los espacios a los creativos brasileros. Sin embargo este particular" Scratch du Oro" es posiblemente el mejor equipo brasilero de todos los tiempos. Funciona como una máquina, muy bien ensamblada y aceitada. Con regates y gambetas de filigrana, y corridas veloces por las puntas, cortesía de Jairzinho adornándose en cada jugada. Es un Brasil con pases milimétricos hechos de memoria, al espacio que es enseguida ocupado por un jugador de la verde-amarela. Bajo la tutela de "O Rei Pele" y con chizpazos de Tostao, Rivelino y Gerson, Brasil se impone 1-0 con un golazo en conjunto de Jairzinho, pase de Pele. La jugada empezó con una correría de Tostao por la izquierda quien cede a Pele, quien cede a Jairzinho quien entraba como una tromba por la derecha. En este partido Gordon Banks hace la atajada del mundial, salvando un cabezazo de Pele al ángulo bajo, manteniendo la mínima diferencia. Los ingleses también tuvieron un par de oportunidades claras. Un anécdota de Gerson era que se fumaba 2-3 cajetillas de cigarrillos diarios y hacia publicidad para los cigarrillos. Siempre tenía a alguien esperando en los camerinos con un cigarrillo encendido para los medios tiempos. Un tipo muy especial.....hoy en día se cuidan mejor los deportistas.

Día 10, lunes 8 de junio

Me encontraba un poco bajo de fondos así que me fui al hotel Condesa para tratar de vender mi boleto del partido Marruecos-Bulgaria. Nadie me quiso comprar la entrada, no había interés de ver a los coleros. Me pongo a conversar con cuatro paisanos, señores mayores del Perú, me invitan a tomar cervezas y terminan pagándome el almuerzo. Ellos estaban admirados de que alguien tan joven había venido desde tan lejos a ver el mundial. En una tarde donde llueve sin parar, la conversación es amena con las bebidas que van y vienen.

Al parar la lluvia salgo a una taquería donde me hago amigo de un muchacho estudiante que quería aprender inglés. Le doy una clase básica de inglés y al partir intercambiamos monedas de nuestros países. Si no me equivoco, una moneda de 20 centavos de sol. Me voy a dar unas vueltas por la ciudad, no sé en que barrio era, pero una señora me dijo, "Gringo te van a robar." Le respondí "La verdad que casi no tengo plata, así es que no tengo nada que perder." Seguí caminando, debo de haber quemado 300 calorías diarias con todas las caminatas diarias. Luego en una calzada se me aproxima un sujeto con pinta de malón, parecido a Pancho Villa. El hombre, completamente embriagado quería que compartiera una botella de tequila con él. Rehusé cortésmente, pero se puso bravo de no haber aceptado su invitación. Igual zafé de este individuo y seguí camino al centro. Vi como los conductores de autos se deleitaban en empapar a los transeúntes que caminaban por la vereda y se acercaban demasiado a los charcos de agua.

EL MUNDIAL 2014.....(Si, el reciente)

En un restaurante en Grecia me encontré con un simpático muchacho alemán quien resumió su parecer del mundial en pocas palabras: "ANTES Y DURANTE EL MUNDIAL TODOS DECIAN..¡CUIDADO CON PORTUGAL TIENEN A CRISTIANO RONALDO!....¡GUARDA CON ARGENTINA! TIENEN A MESSI¡...Y UUYY... ¡BRASIL TIENE A NEYMAR!........¡PERO NOSOTROS SOLO TENIAMOS UN EQUIPO!............sin palabras.

LA MAREA ROJA & LA VINO TINTO.

Para los amigos Panas y Chamos ánimo que parece que no está muy lejos el momento en que sus equipos clasifiquen por primera vez a un mundial. Tanto Panamá como Venezuela vienen cumpliendo buenas actuaciones en las eliminatorias. Ambos equipos poseen jugadores de calibre internacional y ya se han dado el lujo de ganarles a los equipos fuerte de sus confederaciones. Panamá que celebra cada gol con una lluvia de cerveza ha hecho que más de un hincha vaya al estadio con su paraguas o impermeable. Estuvieron a 4 minutos de clasificar pero USA con dos goles en tiempo extra los sacó fuera de Brasil 2014. Nunca estuvieron tan cerca.

Venezuela les ganó a los punteros Argentina y Colombia de local y mejoro en los rankings. Sin embargo perdieron partidos claves de local contra rivales directos como Uruguay y Chile.

Tienen que trabajar duro con humildad y perseverancia para mejorar el nivel colectivo. Necesitan poner énfasis en la disciplina

30

táctica defensiva, donde todos hacen "la marcación" (el pressing) al mejor estilo obrero como hacen los europeos y argentinos. Cualquier experto en fútbol que se considera entrenador y verdaderamente vale lo que le pagan tiene que concientizar a su equipo y hacerlos entender esta faceta del juego. Ambos equipos se paran bien en la cancha. El fútbol de hoy es un ajedrez a la máxima potencia. Tienen que estar enfocados los 90-95 minutos que dura el partido. A lo mejor nos vemos en el próximo mundial. Suerte!

LOS MUNDIALISTAS Y SUPER ESTRELLAS HECTOR CHUMPITAZ Y ROBERTO CHALLE CON HINCHAS Y JUGADORES AFICIONADOS DURANTE SU GIRA POR MIAMI FLORIDA EN EL 1995.

LA NARANJA MECANICA

Su estilo de fútbol dinámico revolucionó el mundo. Aplicaron las tácticas del basket al fútbol en donde todos atacan y defienden. Era un fútbol vistoso pero había que tener jugadores en muy buen estado físico. Barrieron con todas las tácticas anteriores y en el mundial de Alemania 74, golearon a cuanto equipo se les cruzo en el camino. Argentina y Brasil cayeron 4-0 y 2-0 respectivamente. Se tenían tanta confianza que el día antes de la final con el anfitrión Alemania celebraron con una gran fiesta. Aun así jugaron una gran final cayendo 1-2 con los locales. Pecaron de soberbia pero cayeron en su ley.

En el mundial 78 de Argentina volvieron a deslumbrar con sus goles de fuera del área, su amor por los vinos Mendocinos y su rudeza. Y en la final faltando segundos, un tiro al parante por Resenbrink quien había superado a su marcador, impidió que ganasen. En el suplementario perdieron 1-3 con un inspirado Mario Kempes y compañía. En Sud Africa fue España quien les ganó por la mínima diferencia 1-0, gracias a dos tapadas sensacionales de Iker Casillas.

En el mundial Brasil 2014 humillaron a España por 5-1 y a Brasil 3-0 por el tercer puesto. Gracias a una gran maniobra defensiva de Mascherano en tiempos extras, quien le sacó un tiro gol a Robben, fueron a los penales, donde perdieron con Argentina. No habrán tenido suerte en finales pero este pequeño país de gran tradición sigue practicando un fútbol espectacular.

Partido universitario en Lima ...1938.

▶ Día 11, martes 9 de junio

No hay partidos, me voy al techo del hotel a leer. En la plaza principal, punto social de encuentro, se me hace amigo un chiquillo de nombre Juanito. Me topo con tres paisanos peruanos que se habían venido a dedo desde los Estados Unidos. Contaron de sus peripecias en llegar al mundial. Juanito se agarró todas las monedas que le obsequie y como agradecimiento me sirvió de guía y me llevo a su barrio donde conocí dos chicas simpatiquísimas.

EL SOLTERO

El Pulpa Etchamendi era técnico de Nacional de Uruguay y un periodista lo cuestionó. En una nota le pregunto: ¿Pero porque usted toma tantas precauciones? Mire a Pizzuti en Racing, con ese equipo de ritmo y ataque, mire lo que ha logrado."

Y el Pulpa le respondió: Pizzuti ataca así porque es soltero. El de alguna manera, llega a su casa y tiene preparada su comidita, la mama lo cuida......yo tengo que pagar la luz, el gas, el colegio de los pibes. Yo no puedo salir a atacar como un loco".

Día 12, miércoles 10 de junio

Llego el día del gran partido por definir el grupo D, entre Perú y Alemania, los dos punteros. La muchachada peruana del hotel Tepeyac estaba preparando un lomo saltado espectacular en la azotea. Los chicos habían ido al mercado temprano e hicieron una compra de cantidades industriales de papa, cebolla, tomate, lomo y cervezas. En una parrilla enorme, usaron cerveza Tecate para darle sabor a nuestro plato típico. Había ambiente, con chelas frías que iban y venían .Se notaba una gran camaradería y expectativa por lo histórico del partido que se avecinaba. La alegría era total, chistes y conversación amena. El saltado salió como para chuparse los dedos y alcanzo para todos. Como 8 nos metimos en un Chevy azul antiquísimo y zafamos para el estadio. El estadio estaba repleto con una euforia festiva sin precedentes. Yo me separé del grupo para ir a ocupar mi lugar detrás del arco en la popular. Un hincha alemán se metió a la cancha y empezó a recorrer alrededor de los 4 costados con una gran bandera teutona. Un peruano hizo lo mismo aunque con una bandera más chica pero no menos vistosa. Los 2 corredores iban en dirección contraria y se encontraron a mitad del camino donde se abrazaron y posaron para los periodistas.

Segundos antes del pitazo inicial se escucha una voz desde la hinchada peruana que grita "MUCHACHOS RECUERDAN LAS OLIMPIADAS DE BERLIN". Esto en alusión a las olimpiadas de Berlín del 1936 donde Perú con un brillante equipo que incluía a Lolo Fernández, Prisco Alcalde, Manguera Villanueva goleo a Finlandia y Austria 7-3 y 4-2 respectivamente. Contra Austria el árbitro para quitarle disgustos al Führer le anuló 3 goles al Perú. Al final del partido los eufóricos hinchas incaicos invadieron la cancha para felicitar a sus engreídos quienes habían remontado un 0-2. Esto causo algunos altercados y les sirvió de excusa al comité olímpico que influenciados por Hitler y los Nazis, anularon el partido. Después de todo Austria fue la cuna de Adolph Hitler......como era posible que un equipo criollo donde habían morenos, blancos criollos, y mestizos le habían ganado a un equipo de la supuesta raza superior, Ariana.? Los alemanes quisieron reprogramar el partido a puertas cerradas con solo soldados Nazis de espectadores. El equipo peruano y delegados, indignados no se presentaron y toda la delegación en protesta, se retiró de las olimpiadas.

Volviendo al mundial del 70, arrancó el partido, y después de unos momentos de estudio previo los alemanes tomaron control del balón y se lanzan al ataque. Esto lo hacen con una marcación férrea individual que anula a los malabaristas de balón Incas. Al jugador sudamericano nunca le han gustado las marcas sofocantes, y operar en espacios reducidos favorece a los defensores. Esa fue la táctica del entrenador alemán para controlar a los ágiles atacantes de la blanqui-roja.

Por otra parte la defensa peruana con el chito La Torre, Chumpi y Nico Fuentes también estuvieron a la altura. El ágil puntero alemán Libuda poco o nada podía hacer ante la picara vigilancia de su marcador de punta Nicolás Fuentes, quien no le permitió ni un acercamiento al área. Fuentes había brillado en la U del Perú. Cuando Universitario se enfrentó al Botafogo de Mane Garrincha. Fuentes lo borro del partido. Libuda se puso a efectuar el plan B y se plantó afuera del área y empezó enviar centros largos al igual que Grabowski por la otra punta. Esta táctica no tardó en dar frutos, ya que el número 13, Gerd Muller, el eterno sabueso cazador de pelotas sueltas, estuvo a la altura necesaria para embocar 3 goles. El golero peruano Luis Rubiños salió en falso en 2 veces y el teutón, no perdonó. Müller era un cazador de basura, no muy técnico, pero mazetón poseedor de un físico fuerte. El número trece en la camiseta le trajo mucha suerte ya que fue el goleador del torneo con 10 tantos. El gol de honor del Perú vino a través de un rebote de un tiro libre del Nene Cubillas. Alemania le gano tácticamente el partido al Perú al robarle los espacios y aplicar una marcación personal asfixiante. Más sabe el diablo por viejo que por malo. Los alemanes estaban presente en casi todos los mundiales y tenían más experiencia en éstos lides. Perú era un noviciado, brillante y joven al que le había faltado suerte, y pasta mundialista. Total nos fuimos tranquilos sabiendo que nos habíamos clasificado a la siguiente ronda jugando buen futbol. Lo único malo que el próximo rival era el cuco....Brasil.

LE SACARON EL JUGO

Cabe mencionar quienes le sacaron el jugo a sus carreras de futbolistas fueron Teófilo Cubillas, Alberto Gallardo, Perico León y Ramón Mifflin. Viajaron y conocieron distintos países. No solo por sus personalidades amigables y entradoras, sino por la suerte de estar en el lugar correcto en el momento apropiado. Destaca Mifflin quien jugo en Centro Iqueño Defensor Arica (equipo cenicienta) Sporting Cristal, Racing, Santos y Cosmos. La suerte de ser el amigo de Pele quien se lo jalo al Cosmos en Nueva York. Fue también amigo del famoso torrero Paquirri quien se lo llevo a España. Como pata entrador Mifflin fue vital presentador de la pareja Isabel Pantoja y Paquirri. Quien hubiera pensado que la pareja emblema de España fue posibilitado por un peruano. Alberto Gallardo el hombre de los espectaculares goles de ángulos imposibles jugo por Cristal, A.C. Milán, Cagliari y Palmeiras. El Nene paso por Portugal y los Estados Unidos. Perico León jugo en Ecuador, Venezuela y USA.

San Marcos 1939 Parados:
Nuñez,Maggiolo,Espinal,Monge,Debarberi,Carranza ,LGalindo,Ferreire.
Abajo:
Villavicensio,F.Galindo,Ferreira,Herrera,Piñeiro,Alcazar,Chiriboga y
Campodonico

SURQUILLO VERSUS SAN ANTONIO

Antiguamente los que vivíamos en San Antonio jugábamos nuestro deporte predilecto en el Paseo de la Republica. Era una franja larga verde que se extendía de la 28 de Julio unas 10 cuadras hacia el sur casi donde empezaba la quebrada de la bajada de Armendariz. Se jugaba también en las calles adyacentes como Leonidas de Avendaño y Las Acacias. Allí surgió un clásico entres dos equipos....los amigos y los enemigos donde jugaban tres pares de hermanos entre otros. Los López, los De La Fuente y los Alcázar. Otros nombres eran Pepe Dongo, Cucho García, Guillermo Llosa, Richard Vides. Con el tiempo empezaron a llegar muchachos de Surquillo en busca de canchas. Para evitar peleas se concertó un partido entre los locales San Antonio y los visitantes, Surquillo. El primer partido se jugó en armonía y termino empatado 5-5. Fue un partido de buena onda.

Se llegó a concertar otro partido. Esta vez iba ser con apuesta, a un sol por jugador. La situación cambio dramáticamente y pese a que las edades eran entre 13 y 18 se jugó a matar. Especialmente para los muchachos de Surquillo fue una oportunidad para arrebatarles algunos cobres a los chicos de clase media de San Antonio. Recuerdo que el partido fue una lucha sin cuartel. Las patadas volaban sin discreción y era difícil conectar más de dos pases seguidos. Se jugaba sin árbitro....así que valía de todo. Si había alguna discrepancia el consenso colectivo daba el fallo. Recuerdo que en una jugada lo regateo a mi marcador y de no sé dónde, sale otro defensa que me macheteo de atrás y salí revolcado cara al gramado... tragando pasto. Nos pasamos 15 minutos discutiendo si era penal o indirecto. El juego termino 1-0 para ellos y nunca más optamos por apostar. Algunos de ellos pasaron a jugar para nuestro equipo. Sus apodos eran bastante coloridos: El Abuelito Cochoy, Manguera, Calavera Coqueta, Papi..etc........nos enseñaron a jugar con más picardía. Luego vino la construcción de la vía expresa o sea EL ZANJON y las canchas quedaron en el rincón de los recuerdos..........más zonas urbanas y menos zonas verdes..........seguía difícil encontrar una cancha de futbol en Lima.

DIA 13, jueves 11 de junio

Regresando al mundial regalo mi entrada del partido Bulgaria-Marruecos a un chico que caminaba por la plaza . Me da las gracias y alegremente parte para el estadio. Por la televisión prefiero ver el partido México-Bélgica con el triunfo de 2-0 de los cuates. Todo México celebra al compás del taconazo, baile de la época. En el mercado principal me tome un jugo de zanahorias....craso error ...después vino la venganza de Moctezuma.

LA TRAGEDIA DEL ESTADIO

El 24 de Mayo 1964 quedara grabado como el día más nefasto en nuestro historial futbolístico. Sabemos que el futbol es un deporte de pasiones, en donde aflora una amalgama de sentimientos humanos. Desde la euforia desenfrenada hasta la tristeza más profunda. Algunos viven el futbol como si fuera un asunto de vida o muerte. Cuando se transforma a las masas, la necesidad de desahogarse, la necesidad de buscar una identidad colectiva..........que somos los mejores......que no nos merecemos un arbitraje injusto.........se puede producir una energía negativa que se escapa fuera de control. Esto más una primitiva costumbre de cerrar todas las puertas del estadio propicio el mayor desastre futbolístico de la historia con más de 300 difuntos. Jugaban Argentina y Perú por un cupo a las olimpiadas de Tokio. El futbol peruano había quizás alcanzado y sobrepasado al argentino en riqueza técnica pero ellos apelando a su bagaje de trucos y futbol fuerza de mucha rudeza siempre se las ingeniaban para ganar o salir airosos. Era cuestión de tiempo en que los resultados iban a favorecer a los incaicos. Pero ese día todavía no había llegado y los hinchas cuestionaron un gol peruano anulado en el último minuto que le daba la clasificación. Esto colmo la paciencia de quienes no aguantaron más y fueron a dar rienda suelta a sus desmanes. El resto es historia. La humanidad no aprende de sus errores y otras tragedias sucedieron en Inglaterra Bélgica y Egipto.

Alianza Lima 1942

CAPITULO II
OCTAVOS DE FINAL, DIA 14 AL DIA 16

DIA 14, viernes 12 de junio

Cumplo ya dos semanas en el mundial y con un grupo del hotel nos vamos a los baños termales de Comanjilla. Nos cobran 10 pesos por tener acceso al complejo. Me tiro una gran quemada después de todo el día en el sol, parecía una langosta. Hay un grupo de periodistas que sigue a un grupo de alemanes, entre ellos una modelo rubia. Ella posa para las fotos y se roba todas las miradas. Caminamos luego por el pueblito que lucía bien pobre. Allí compramos de una gente sencilla y amable tacos de nopal y frejoles. Caminando por la carretera nos jala una camioneta lleno de mejicanos y alemanes. El paisaje era árido y el sol abrasador pero el ambiente en la camioneta era internacional así es que aprovechamos para intercambiar impresiones. Al llegar a León , ya la vanguardia de hinchas peruanos había empezado a trasladarse a Guadalajara donde tocaría jugar con Brasil. Brasil había salido ganador de su grupo, despachando a Checoslovaquia, Inglaterra (los campeones defensores) y Rumania por 4-1, 1-0 y 3-0. En la avanzada iba "Pichón de Ballena" un gordito que ya había sacado su pasaje en bus. Al retornar al hotel me encuentro con correspondencia de la abuela Hortensia. En él había un cheque por 75 dólares, que me era vital para sobrevivir hasta la final del torneo.

RECUERDOS DE LA TORRE

"¡CARAJO SE ME SIENTAN TODOS O LOS CAPO"! Era la voz de mando militar para imponer orden de Popeye cuando nos llevaba a todo el barrio en la mula a la popular norte. (furgoneta verde)

Cuando éramos chicos creciendo en Lima en la década de los 60-70 nuestro tío, Luis López Acuña, cariñosamente conocido como "Popeye" tenía un amigo que era el portero de la torre del estadio nacional José Díaz. Conversaba brevemente con el amigo y nos dejaba allí. Subíamos hasta los pisos más altos y veíamos los partidos gratis. Ya sea parados o sentados. Parece que todos los espectadores que estaban allí eran amigos de los que cuidaban la torre. Allí vimos grandes partidos como la U contra el Benfica de Eusebio que acabo 2 a 2. El moreno tenía un pique espectacular, en una jugada se llevó como a 5 de la U. Vimos al Millos de Colombia con maravilla Gamboa haciendo bicicletas a todo lujo. Vimos a la U hacer gran campaña contra el Racing y River de Argentina en el 67. En Lima perdió 1-2 y empato 2-2 respectivamente. Pero en la tierra de los Ches ganó 2-1 y 1-0 en 48 horas. Se perdió 1-2 en el desempate con Racing en Santiago. También vimos al rey de copas Independiente.

En un partido la popular norte estaba toda copada. Vimos a tres señores quienes habían subido los escalones hasta la fila más alta. Allí empezaron a discutir con otros que habían ocupado sus asientos. De repente vimos a los tres personajes que iban, pataleando en el aire, cuesta abajo pasados de mano en mano hasta la primera fila a ras de tierra. El viaje aéreo duro menos de 3 minutos y fueron depositados en su punto de partida. Seguro que allí cuando aterrizaron ya no tenían sus billeteras. Todo esto ocurrió antes la algarabía general de toda la sección popular e sirvió de entretenimiento pre-partido.

Resulta que en otro partido vino la nueva sensación de Argentina, Estudiantes de la Plata de Bilardo y Pachamé. El estadio se llenó a más no poder....no entraba ni un alfiler. Ibamos por todos los pisos de la torre que estaban llenos de gente. Seguíamos ascendiendo hasta lo más alto, sin encontrar lugar. Por fin llegamos al piso más alto donde las ventanas estaban abiertas y había una repisa de más o menos un metro y medio de ancho. Allí nos colocamos pegaditos a la pared porque la caída era vertiginosa. Cuando salió la U a la cancha, el estruendo y griterío de 50,000 almas hacía temblar a la repisa. La vibración causada parecía que nos movía más hacia el borde del precipicio. Lo miro a mi primo, Luchito y le digo..."Si la U mete gol se puede poner fea la cosa." "Ni se te ocurra saltar o celebrar con abrazos porque no hay espacio y nos podemos caer." (El era hincha de la U) Inesperadamente a base de muchas patadas, Estudiantes se impuso 3-0 y no pasamos mayores sustos. En esa época todavía había hidalguía y se le hacía barra al equipo peruano no importa quien fuera. No como ahora que el odio entre equipos locales es tan grande que a veces prefieren que gane el extranjero.

Día 15 sábado, 13 de junio **GUADALAJARA**

En la mañana trate de cambiar el cheque, pero no se pudo, ya que pedían muchos requisitos. 6 nos subimos al viejo y espacioso Chevy azul y partimos para Guadalajara. Iba el flaco Manguera, Lucho, El Cabezón, Gastón alias "El Podrido", Alex y yo. Llegamos al hotel New York. Luego los cinco vamos a las casas de cambio para ver si se podía cambiar el cheque. Mala pata, no nos ligó. Luego fuimos a un restaurante donde había una ceremonia familiar con serenata de mariachis. Lucho se puso liso con el mozo. Salimos a pasear por toda la ciudad con Alex. En el mercado principal nos encontramos con cuatro norte-americanos de Arizona. Con ellos recorrimos las plazas y el museo de los reptiles siempre en amena conversación. Caminamos la avenida Juárez para arriba y abajo y comimos en un restaurante chic cortesía de Alex. Vemos que iban llegando más hinchas peruanos. Luego todo el grupo sale en un tour nocturno por los bares y burdeles guiados por "Pichón de ballena". Yo ando nomas de acompañante observador y subsisto gracias a la generosidad de los demás compañeros.

LA ERA DEL CIRCUITO CERRADO

Durante los 80 y 90's proliferaron los partidos en donde la Fifa vendía los derechos de trasmitir los partidos a distintas corporaciones y estos a consumidores locales. Se transmitían los partidos eliminatorios para los mundiales en locales. Si querías ver jugar a tu selección ibas a algún local y pagabas de 15 a 20 dólares por partido. Nunca se me olvida mi primer partido en el Frontón Jai Alai de Miami, donde pasaban Perú vs Chile. En un recinto completamente oscuro con pantalla grande, pasaban el partido en blanco y negro. Al lado nuestro había un barcito con una luz tenue. De repente adelante y al medio de la completa oscuridad se escuchaba un coro chileno: "Los peruanos son gallinas.....los peruanos son gallinas." A los pocos instantes se oían sillas volando y un estruendo: Ping! Pun! Bang! Cataplun!" El policía que actuaba de watchiman se acercó alumbrando su linterna. Solo se veía a un montón de cabezas estáticas, como chicos en el colegio, bien sentaditos y comportados mirando el partido. ¡El coro fue callado!

Sin embargo en el bar un peruano grandulón empezó a intimidar al chileno más bajito que encontró. El chato no quería problemas pero el perucho lo hostigaba. De repente apareció un chileno más grande que el hostigador y los roles se invirtieron. El abusivo se chupo! ¡Que comedia!

En el Holiday Inn sobre la playa en Ft. Lauderdale pasaron un doblete. Perú con un rival que no recuerdo (debió ser otro partido para el olvido) y Colombia versus Argentina. El hotel se llenó, el auditorio de los altos y el sports bar de abajo. En este lugar el "bouncer", hombre fuerte para mantener el orden, era un gringo racista que al parecer no le gustaba todo el bullicio latino. Este sujeto la trato bruscamente a una jovencita colombiana que al no poder encontrar asiento, se había sentado al borde de una mesa de billar. De repente 4 muchachos cafeteros salieron a la defensa de la jovencita y jugaron ping pon con el desatinado bouncer en la mesa de billar.

Bouncer en ingles quiere decir...rebotador.....el que rebota a todos los indeseados del lugar. El que resulto rebotado después de 3 minutos de escaramuza, fue el mismo rebotador. Picón y sin consultar con sus superiores el gringo agarro el teléfono y llamo a la policía. Vinieron las autoridades y ordenaron a todo el mundo a abandonar el local. A todos le devolvieron su entrada en efectivo, inclusive los de los pisos de arriba donde no había pasado nada. Como Perú jugaba el preliminar vimos el partido gratis. Los propietarios perdieron miles de dólares porque habían casi 500 personas. Algunos hicieron la cola para su re-embolso dos veces y se doblaron.

Nuestro amigo el "Narigón" había abierto un local para mostrar los partidos en Sunrise, Florida. En una fecha pago por un solo partido y le dieron dos...el segundo gratis. Hizo salir a todo el mundo y volvió a cobrar sus 15 dólares por mitra. Qué manera tan fácil de hacer billete, pensó el........con la boletería y las cervezas que vendía a 2 dólares. En la siguiente tanda hizo lo mismo. Pago por el primer partido y para el segundo hizo salir a todo el mundo para que le abonaran otros 15. Quien te dice si el destino no le jugó una mala pasada y la difusión del partido se cortó abruptamente. Se le armo un despelote de gigantescas proporciones. La gente empezó a tirar y romper sillas, en pocas palabras, le destrozaron el local. La cosa ya no le salió a cuenta.

Menos mal que ahora uno puede ver los partidos desde la tranquilidad de su casa. Los que quieren seguir experimentando emociones compartidas pueden ir a los bares.

Capitán de América Héctor Chumpitaz y capitán de Brasil.

Carlos Alberto.

DIA 16 dom. 14 de junio

OCTAVOS DE FINAL

Regresando a la experiencia mundialista me levanto temprano y vamos al estadio Jalisco con capacidad de 60,000 almas. Eramos

Gastón, Lucho, un mexicano hincha de Brasil y yo. Los compañeros me pagan el pasaje del bus. El estadio Jalisco es una enormidad imponente. Me separo del grupo y doy la vuelta olímpica al estadio para ver si podía encontrarme con Ilson y Tania, dos amigos brasileros que conocí en Chicago. El, un flaco simpático, trigueño, con pinta de nerd, pero tremendo jugador de futbol, y ella una despampanante garota trigueña bronceada por el sol. Imposible, hay mucha gente y el partido ya va empezar. Las graderías que me tocan están bien arriba a una altura impresionante. En un gran partido, los monstruos brasileros se enfrentan a las jóvenes estrellas peruanas. En los primeros momentos parecía que Perú respetaba demasiado a Brasil. Con el pasar de los minutos le empezó a jugar de igual a igual al "mais grande equipo Brasilero de todos los tiempos". La defensa Inca empezó a hacer agua frente a la poderosa delantera brasilera donde destacaban el chato Tostao por su movilidad, Rivelino por su potencia y "O Rei" Pele. Pele que con sus toques de magia, propiciaba cuantiosas oportunidades a los delanteros verde amarelhos. Estando 0-2 abajo en el marcador después de dos baldazos de agua fría por sendas fallas defensivas, vino un golazo de Alberto Gallardo, quien puso el score 1-2. No ayudo que Didi lo habia sentado al Chito La Torre, caudillo de la defensa que tenía una cuenta pendiente con Gerson quien lo lesiono severamente en un amistoso. En aquella ocasión Perú iba ganando 2 a 0 en Brasil. En una jugada desleal Gerson lo fracturo a La Torre. Hubo una batalla campal y Perú amenazó con retirarse, pero ante insistencias brasileras se quedaron y Brasil gano 3-2. También fue raro que Didi inexplicablemente cambio a Julio Baylon, un puntero derecho que en un día inspirado no lo paraba nadie. Apenas empezado el partido, en una par de arremetidas, Baylon lo domino a su marcador, cuerpeándolo. No entiendo cuál fue la lógica de Didi en sacarlo. Dicen que en un entrenamiento Baylon le entro tan duro a Didi que casi le rompe la espalda. No puedo creer que fue una especie de revancha.

Recuerdo que cuando vino Independiente, de Argentina, el Rey de Copas a Lima, Baylon y Alianza Lima los bailaron 6-1.

Irónicamente Perú ganaría el premio de: "FAIR PLAY"(equipo menos faulero) Por otra parte, el mejor marcador de punta que jamás he visto, Nicolás Fuentes garantía como siempre, lo seco a Jairzinho. Se anotan seis goles en un juego de arco a arco, con jugadas de genios, jugadas verdaderamente espectaculares. Ambos equipos juegan futbol de ataque, nadie especula o trata de implementar alguna mezquindad defensiva. Cuando Cubillas anoto el 2-3, había esperanzas. Jairzinho se corre al lado opuesto ya que Nico Fuente le cerró la banda derecha. Se las ingenia de colarse por la banda izquierda (punto más flojo del Perú después del arquero.) y anota el 4 a 2. Así quedo el partido. En mi diario escribí: "Otra vez, Táctica tonta!"

Perú con ese partido culminaría su participación y quedaría en el séptimo lugar. El comportamiento de Didi estuvo algo sospechoso. Esos cambios nos perjudicaron inmensamente. Después del match el "Chito" La Torre lo espero a Didi y se agarraron a golpes en los camarines. Según el coach, él no quería que Perú se quedara con diez jugadores si La Torre lo iba buscar a Gerson. Otros dicen que el corazón de Didi estaba con Brasil con quien no quería jugar y que él y su familia estaban amenazados en Brasil. Retrospectivamente es una verdadera lástima cuando estas cosas suceden. No volvió al Perú con él equipo.. Todo queda para la especulación. Pero bueno, habíamos llegado a lo máximo en actuaciones mundiales.

Los otros resultados de octavos fueron:

Italia-4 México-1 Partido que empezó ganando y dominando México, pero los italianos con el cambio de Rivera por Mazzola en el 2nd tiempo fueron más contundentes y la altura de Toluca pareció no afectarlos. José Luis Gonzales anoto para los Aztecas pero en el 2nd tiempo luego vino una coladera...pun pun pun pun...y en 12 minutos los azurri liquidaron el partido. Los italianos los celebraron con mucha efusividad propio de ser latinos.

Alemania-3 y Inglaterra-2 protagonizaron en León un partidazo no apto para cardiacos. Inglaterra se fue arriba 2-0 y pensaron que la cosa iba ser fácil. Sin embargo los teutones apelaron a su tradicional garra de siempre, le dieron vuelta al partido y se cobraron la revancha por él 66. El joven Beckenbauer fue el artífice de la reacción germana.

Uruguay-1 Russia-0 Partido parejo y ganado por los Charruas en una jugada polémica, desborde por la punta gracias a la persistencia de Cubilla y displicencia del zaguero ruso que no quiso dar córner y trato de cubrir la bola con el cuerpo. Una criollada de Cubilla quien metió la pierna entre las del ruso, jalo la pelota, se cayó, forcejeo y centro hacia atrás para la cabeza de Esparrago y gol. Según los rusos la pelota había traspasado la línea. Con el replay no se ve claro. .

Triste por el resultado, pese a haber visto uno de los mejores encuentros del certamen, regreso a pie al hotel caminando por la carretera. Llego trapo y me tomo una siesta. Viene Lucho alias "Sammy Davis", por el parecido y nos vamos al centro en plan de conocer chicas. Conocemos 2 chicas en la plaza, luego empatamos con 2 más en un lugar donde tocaban mariachis. Las invitamos a comer helado en una nerveria. El pone la plata y yo pongo la pinta. Luego en el hotel conocemos 3 chamacas más que venían de Nogales. Nos encontramos con el resto del grupo en un restaurante. Estoy ya agotado de plata, sin comer nada todo el día, viviendo de la euforia del momento. Haber visto un choque Brasil –Perú le quita el hambre a cualquiera o por lo menos lo postergas un rato. Alguien de la muchachada, Gutiérrez, me compra un sándwich. Luego llega "Terrible Piedra" y su sobrino y la chispa peruana comienza a brotar a raudales. Estos graciosos personajes entran a dominar el ambiente con un festival de chistes y burlándose mutuamente. Lo baten a Terrible Piedra quien cada vez que ve un espejo se para a peinar y se cree el hombre más bello del mundo. Es pura carcajada y algarabía hasta la madrugada. ¿Quién diría que nos acaban de eliminar de un mundial?

LAS BRONCAS

En 1971 hubo un partido entre Boca Juniors y Sporting Cristal en la Bombonera por La Copa Libertadores que acabo 2-2. Hubo una batalla campal en el que fueron expulsados 19 jugadores. Salvo los dos arqueros y Julio Meléndez, crack peruano quien militaba para Boca Juniors, todos los demás terminaron expulsados y en la clínica o en la comisaria. Perú y Argentina estuvieron a punto de romper relaciones. Lamentablemente ambos equipos se auto-eliminaron. El estadio de Boca quedo clausurado y Cristal solo presentó a sus suplentes y juveniles a los restantes partidos. Con respecto a Julio, no puedo creer que la FPF no lo convocó para el mundial del 1970 porque en esa época no se acostumbraba llamar a jugadores que jugaban en el exterior. El maestro la estaba rompiendo y deslumbrando en Boca.

En una copa de fulbito en Kendall, Miami, Florida se jugó un torneo relámpago. El equipo de Naviera Santa conformado en su mayoría por peruanos tenía que medirse con su homólogo ecuatoriano. Esto era a poco tiempo después del conflicto militar que hubo en la frontera alrededor de "Tiwinza" entre ambos países. En el felizmente breve conflicto por un puntito en la selva las prensas de ambas naciones se acreditaban él triunfo mostrando las fotos de sus respectivas banderas ondeando sobre el trofeo, Tiwinza. Para el partido se esperaba una bronca, pero se jugó fuerte, con hidalguía y no pasó a mayores.

Los de Naviera Santa pasaron a la final y el rival de turno era otro equipo peruano. Altos, blancones y fornidos con sus camisetas blancas y pantalones negros, los de Naviera lucían como la selección de Alemania. Enseguida algunos de la multitud que había ido a ver el partido, los tildo como el "EQUIPO DE LOS PITUCOS" (clase acomodada) que se venía a enfrentar al "EQUIPO DE LOS ACHORADOS"...(el equipo del pueblo)......iba ser una final peruana. En realidad los de Naviera era de clase media para abajo y en los Estados Unidos todos eran de la clase trabajadora. No había ningún ricachón. Esos juegan polo o hacen automovilismo.

Quien iba a pensar que en el calor del partido; y eso que en Miami hace calor tipo Iquitos de la amazonía, se iba iniciar una gresca. Dos de los achorados le caen encima al golero de Naviera, Erik. Erik que era un tipo bastante fornido, cae al suelo y lo van a defender su cuñado Gino y mi primo Jorge López (manos de piedra). De repente una masa de gente baja de las tribunas a respaldar a sus engreídos.....los achorados. Parece que habían traído a toda la familia ya que después del partido iban a hacer un "pickiniki" (picnic). Los "pitucos" de Naviera se vieron en inferioridad numérica, ya que no solo luchaban contra sus rivales de turno pero también contra los hermanos, primos, patas, (amigos) tíos y mujeres de ellos.

NAVIERA SANTA: Parados Julio Alfaro, Pepe Lokuan, Alan, Fernando Melly, Jorge López "Tote", José Alcázar. Abajo: Iván Zeballos, Erik Graubard, Moisés Quispe, Gino Francovig. 1994-95

Algunos se abstuvieron de participar de la trifulca, otros formaron grupitos, espalda contra espalda (tipo espartano o vikingo) con sus compañeros de equipo. Peleaban un poco, luego retrocedían para pelear otro poco y seguir alejándose del centro del torbellino. A Jorge López alias "Tote" nunca hubo que hacerle alguna invitación a una bronca, él siempre estaba dispuesto para cualquier ocasión. De niño fue el más chico del grupo, así que tempranamente aprendió a defenderse y a jugar bien al futbol. No era fornido pero si pura fibra y de buen pulmón por todas esas corridas subiendo la Bajada de Armendáriz.

Uno tras otro los contrarios venían para bautizarlo a puños pero él con esa intuición que da la vida y la calle, los calzaba primero. Eso sí respetando el orden, primero a los jugadores y después a los hinchas que mirándole feo, se le acercaban con no muy buenas intenciones. De repente la lucha se hizo más caótica, sentía que le arañaban el cuello por detrás. Con reflejo tipo "Bruce Lee" le metió un codazo a una amazona que hizo muy fugaz su participación en la bataola. Era la esposa de algún jugador que estaba en el proceso de ser despachado por las manos de piedra del chino Tote.

Los referís, el wachiman y algunos buenos cristianos laburaban para disipar la brega.....pero aun otros sujetos amenazantes seguían metiéndose en la mira de Jorge..........quien siguió repartiendo como panadero, sus panes. Al final vino la post bronca en que ambos bandos iniciaron la retirada y a lamerse las heridas. Un réferi se le acercó a Jorge y le estrecho la mano....."LA VERDAD QUE PERDI LA CUENTA DE CUANTOS PUÑETAZOS REPARTISTES....PERO TE PARASTES MUY BIEN". Después de hacerse el "damage control", control de daños, aparte de la firma que le habían dejado en el cuello, se dio cuenta que lo habían quiñado y le faltaba un pedacito de diente. La sacó barata y todo por el AMOR AL FUTBOL. Ustedes que han jugado futbol competitivo tal vez hayan vivido una experiencia similar.

La Salle 1937: De izq parados: C.Montenegro, J Debernardi,,L.De las Casas, ,L.Monge y J.Alcázar En cuclillas: J.Ureña, R."Tito" Drago, T.Agginso, J.Parodi,y J. De las Casas

CAPITULO III

SAMIFINALES DIA 17 AL 19

DIA 17   lunes 15 de junio

Los bancos están abiertos y por fin logro cambiar el bendito cheque que me había mandado la abuela. Con esto pude sobrevivir y quedarme hasta la final y ver la semi- final entre Brasil y Uruguay. Dios bendiga a la abuela Hortensia quien siempre engrío a toda la familia con su generosidad y bondad. La abuela, trabajaba como enfermera en el Pilgrim State Hospital en Long Island, N.Y. Hizo posible que pudiera pasar mi última semana en Guadalajara en relativa comodidad y no viviendo de la caridad de otros. Ahora había que sacarle el jugo hasta el último centavo. Agradezco a todos mis hinchas paisanos que me invitaron algún sándwich, taco, o con algo de tomar. A los 19 años le daba más importancia al evento que a las logísticas necesarias para acudir al evento. Yo simplemente me adaptaba y mentalmente me olvidaba del hambre ya que había tantas cosas que hacer y conocer. Debo de haber perdido unos 10 kilos.

Alex mi compañero de habitación se va al D.F. a ver la final. Antes de partir hace un fallido intento gay de aprovecharse de mi inocencia de 19 años. Ya no tan inocente, percibo el avance homosexual y el tipo rebota como moscardón en ventana. Felizmente tengo mi orientación sexual bien definida y no entro en vainas de esa persuasión. En la tarde me voy a un restaurante internacional fino y pido una paella valenciana espectacular. Fue la primera comida decente y abundante en muchas lunas. Caminando por la ciudad me vuelvo a encontrar con Lucho (Sammy Davis, peruano)

Con otros amigos nos fuimos a dar una vuelta y terminamos en una plaza donde tocaban muchos grupos de mariachis. La Plaza de los Mariachis era como una plaza restaurante al aire libre con muchas mesas. Cervezas por doquier al igual que las canciones de los mariachis. De repente vemos que se va armando un gran tumulto de jóvenes ingleses. Es una gran pandilla de 30 a 40 británicos (Brits) quienes se dedican a cantar canciones de sus barras e incluso de los Beatles. De repente empezaron a rodear las mesas donde estaban parejas mejicanas y a faltarles el respeto, en son de palomillada queriendo bailar con las chicas. Este comportamiento agresivo pudo haber sido el nacimiento de los hooligans. Quizás por picones, por haber sido eliminados o quizás por no haber conseguido boleto y traslado a León para ver el Alemania-Inglaterra. Resultó ser divertidísimo ese ambiente de juventud traviesa e irreverente, queriendo armar lio. La música, las chelas y el coro que no cesaban y repetían la frase de la canción "Hey Jude"......."LAA LALALA LALALALAAA...HEEEEY, HEY JUDE.

CUANDO DEJA DE SER FUTBOL Y EL FACTOR LEGAL

El futbol es el exponente de muchas culturas y es un deporte en el que la destreza y habilidad juegan un papel preponderante. También entran a tallar la consistencia física y capacidad aeróbica. La viveza, saber guapear, la rapidez, la caballerosidad deportiva también juegan un papel. Pero hay algunos que apelan a lo anti-deportivo en su afán de ganar a toda costa. Son once contra once pero en todas partes de la cancha se libran batallas individuales intensas. En un partido que se juego por los años 1943 el entrenador le pidió a mi papa, fornido centro medio del equipo, de lastimar a una volante creativo contrario que estaba teniendo una tarde espectacular ....nadie lo podía parar. El hombre estaba inspirado y parecía que bailaba una marinera con cabreo imparable. Ante la negativa de mi padre: "¿ Tas huebon"? , el coach puso a un moreno tipo pitbull con las ordenes tácticas muy simples y al grano..:"¡Rómpelo!" El cambio se hizo y el substituto entro a cumplir su misión. Tras consumir su cometido el coach saco al verdugo y volvió a meter a Pate Yuca.

Años después durante las eliminatorias para el segundo mundial de México 1986 ocurrió un caso similar. Bilardo entrenador de Argentina mostrando pocos escrúpulos mando a Camino a sacarlo del partido a Franco Navarro. Navarro los había vuelto locos a los dos centrales gauchos en el partido de ida en Lima. Eso no podía repetirse. Saldo: fractura de tibia y peroné y ocho meses de inactividad. Una de las grandes promesas del futbol peruano, nunca fue igual. Quedan grabadas las palabras de un hincha argentino: "CHE..... DELANTE LAS NARICES DEL ARBITRO.....ESO NO ERA AMARILLA...TAMPOCO ROJA..... ERA CARCEL".

En una entrevista Bilardo le respondió a un reportero que le había preguntado si el futbol para él era una diversión. "¿Diversión? "No che para mí el futbol no es una diversión. Si me quiero divertir me voy a un cine o me voy de viaje. El futbol para mi es trabajo, es tensión, es estrés, es tener ganar a toda costa, y así poder caminar tranquilo por la calle, sin que nadie te insulte."

En EE.UU. un jugador de hockey fue lesionado seriamente por una agresión durante un partido. El caso de Moore versus Bertuzzi. Moore se armó de un equipo de abogados y demandó al jugador infractor y al club por una cuantiosa suma. La demanda inicial fue de 68 millones de dólares pero después de una década en tribunales arreglaron por una suma menor no especificada.

En 1997 Mauro Camoranesi, quien después jugaría por el Juventus de Italia, lesionó con violencia desmedida a Pizzo en un partido de la liga marplatense. Esa lesión de la rodilla obligo a Pizzo abandonar el futbol y apelo a los tribunales recibiendo 200,000 pesos de compensación. Navarro tendría que haber hecho lo mismo con Camino, Bilardo y si fuera necesario a la AFA. Argentina nos sacó de ese mundial con mucha maña y a las malas pese a que tenía el talento de Diego Maradona. Si tenían supuestamente al mejor jugador del mundo no hacía falta jugar así. En Lima Navarro los había bailado y Reyna lo anuló por completo a Diego Maradona en un resultado de 1-0 para el Perú. En ese partido Reyna uso la psicología y apelo a todos los recursos raspando lo ilegal para anular, no para matar.

Perú en el 70 había eliminado a la Argentina apelando a la picardía y el talento pero nunca con jugadas desleales que hicieran peligrar la integridad física de un jugador. Felizmente en 1986 los argentinos no defraudaron y ganaron la Copa Mundial jugado de nuevo en México. La FEF en Madrid tiene en sus códigos como castigos de 3 a 5 años de cárcel a quien lesione intencional y gravemente a otro jugador. Hasta ahora nadie ha tenido que cumplir esa sanción.

En la Liga Premier de Inglaterra el Chelsea pago 1,400,000 libras por Paul Elliot en 1991. En el 1992 fue lesionado por Dean Saunder del Liverpool en una jugada casual. A causa de la lesión Elliot quedo marginado del futbol. Apelo a los tribunales sin éxito. Fue un choque casual, no hubo malicia en la jugada.

Equipo de jovencitas, menores de 18 años, Coral Springs Florida. Gracias a una gran infraestructura, USA es una potencia mundial en el fútbol femenino.

Cabe mencionar un incidente desagradable durante las eliminatorias para Méjico 70 cuando Perú perdió con Bolivia en La Paz 1-2. Perú logro empatar el partido mediante Gallardo.Sin dar ninguna explicación el árbitro venezolano Chechelev anuló el tanto ante la impotencia de los jugadores peruanos, algunos llorando de la rabia por el robo. Años después en una entrevista le preguntaron cuanto le habían pagado los bolivianos. El tranquilamente respondió: "NO FUERON LOS BOLIVIANOS, FUERON LOS DE LA MAFIA ARGENTINA QUIENES ME PAGARON." Ese resultado favoreció a la albiceleste pero la hazaña en la Bombonera con el 2-2 acabó con aquellas pretensiones. Se hizo justicia.

DIA 18 martes 16 de Junio

Volviendo al Mundial 70, es un día tranquilo, voy al mercado central a comprar unas pequeñas artesanías, postales, calcomanías y hasta cigarrillos explosivos.. Camino por toda la ciudad y en una restaurante me encuentro con Lucho. Luego nos encontramos con el cabezón Gastón en una central telefónica donde conversa con su familia allá en Perú. Ellos se van al D.F. para ver la final, así que los acompaño en taxi hasta la estación de trenes. Nos metemos al tren conversando y haciendo chistes hasta que llega la hora de partir. Me regreso a pie y encuentro un lugar donde me pongo a jugar billar. Luego a dormir como a las tres de la mañana. Estoy solo, todos los patas se han ido al Distrito Federal a ver la gran final.

EL FACTOR PUTO

Aquellos quienes seguimos el futbol hemos notado que ahora en México se les saluda a los arqueros visitantes al efectuar el saque, con un sonoro ....'PUUTOOO"...............En Venezuela y en Colombia es "H de P"......(como queriendo no quedarse atrás y vengar el insulto)...Parece que a los muchachos de la vino tinto no les gustó nada cuando fueron a jugar un amistoso en México arrancando un empate de 2-2 con dos goles del especialista de tiro libres Juan Arango. La hinchada llanera ahora le grita "Hijo de puta" al golero contrario. Cuando la "vino tinto" fue a jugar a Chile empezaron a gritar bajo la desaprobación del público en general. Quienes pensaban que era un ataque personal a su arquero. Chile les metió un sonoro 3-0 con baile y todo......Cuando México fue al Sudamericano del 2011 donde les toco jugar en Mendoza también sus hinchas exportaron la modalidad. Ahora el único lugar en Argentina donde lo han adaptado es en Mendoza y posiblemente San Juan.

Será para sacarle pica al equipo contrario, para ponerlo nervioso al arquero o de simple palomillada festiva, esto se ha vuelto parte del repertorio de los partidos que se juegan en México. Donde quiera que vaya el hincha mejicano se escucha el sonoro...grito.....PUUUUUTTTTOOOO.......Estados Unidos, Europa,

Asia etc. Recientemente en el partido México –Jamaica 0-0, jugado en el Azteca el 6 Feb. 2013   el canal de televisión mejicano trato de censurar el grito del saque, cortando el volumen, como para no ofender a las sensibilidades de algunos. Los comentaristas trataron de disculpar o barajarla diciendo que era un" insulto cariñoso". Uno dijo "Es un sana costumbre, no de maldad o agresión pero solo como una palomillada."

Lo cómico es que faltando los últimos 15 minutos, se les olvido censurar uno de los gritos y cundió el pánico porque México no pudo romper el cerco defensivo de los Jamaiquinos. Fueron los caribeños los que tuvieron más oportunidades de anotar. El público empezó a abuchear a sus preferidos y gritar "ole" cada vez que se pasaban la bola los caribeños. Sin embargo el grito de PUU.....seguía vigente ya como parte sagrada de la ceremonia picaresca. Se volvió a escuchar en el Mundial de Brasil. Inevitablemente los Brasileros reciprocaron, como podrán oír en los videos.

Equipo de la Escuela Militar de Chorrillos, 1940's entre ellos Popeye, Luis López Acuña y José Alcázar Garmendia, Pate Yuca.

DIA 19 *MIÉRCOLES 17 DE JUNIO* LAS SEMI-FINALES

Me levanto tarde, como a las 2pm. Me voy a comer unas hamburguesas que estaban malísimas y luego tomo un ómnibus viejo para el estadio para ver el choque Brasil-Uruguay. La entrada costo

50.00 pesos mejicanos. Inicialmente pensé que me tocaría ver Italia – Alemania pero ese encuentro se jugaba en la capital. Me encuentro bien arriba en el estadio Jalisco en medio de la barra celeste. De compañero de sitio me toca un señor uruguayo que en su país vendía libros. En los primeros minutos del partido un error defensivo da lugar a un gol del uruguayo, de Luis Cubilla. La barra charrua enloquece y empiezan a gritar: "¡ HIJOS NUESTROS , HIJOS NUESTROS!" Mi amigo les dice: "Todavía muchachos, todavía falta mucho." Brasil se repone y con gran show de Pele y Jairzinho remonta y se adelanta 3-1. En realidad podía haber sido por mucho más. Queda grabado en la retina aquella jugada memorial de Pele quien le amaga a Mazurkievicz al borde del área y deja pasar el balón para luego empalmarla con un tiro bajo rasante a pocos centímetros del poste. Es como una obra de ballet...arte puro combinado con genio y picardía.

Termina el partido y se desata un verdadero carnaval brasilero con los hinchas bailando al sonido de los tambores y desfilando con las banderas de sus clubes. Recuerdo una banderaza de Flamengo (negra y roja) que un muchacho alzaba, luego vino la lluvia y seguían bailando samba sin perder el compás. La calle Juárez esta congestionada de mexicanos y brasileros.

Más tarde voy a un restaurante a ver el choque entre tanos y germanos quienes protagonizaban la otra semi-final. Este choque Alemania-Italia fue tildado por muchos como el "partido del siglo" El mejor árbitro peruano de todos los tiempos, Don Arturo Yamasaki dirigió este partido. Radicado en México 2 años antes Arturo, mostro su calidad dirigiendo y enseñando. Queda grabada en nuestras retinas colectivas, en el Estadio Nacional, ver los relampageantes piques que se mandaba en la cancha siguiendo de cerca a la bonanza de cracks que dio el Perú durante su época de oro. Este memorable partido, fue una maratón de fútbol en que se intercambia varias veces el liderato. Beckenbauer queda estropeado con luxación de hombro y sigue jugando. Schnellinger escogido por el destino empata en el último minuto 1-1 y se van al alargue. Es el primer y único gol que anotara por la selección alemana. El partido que es un vaivén de futbol de alto voltaje termina 4-3 a favor de los italianos. ¡Qué semi-final tan dramática! Hasta ahora los "tanos" son los únicos que llevan medio siglo de supremacía sobre los "tedesci" (alemanes).

En este restaurante se me arrima un alemán despúes del partido y me invita una cerveza y nos ponemos a conversar animadamente. Yo estoy completamente intrigado, ya que es el primer alemán que he conocido. Aunque ya son 25 años desde que se acabó la segunda guerra mundial, no me pude aguantar y después de varias cervezas le lanzo la pregunta: "¿Porque lo siguieron a Hitler y Alemania causo tanto problema en el mundo?" Y el señor que se le veía tipo empresario empezó con todo un relato de la paz injusta de la primera guerra mundial y la necesidad del pueblo germano de encontrar un líder fuerte quien les prometió trabajo y restaurar el honor nacional perdido. Ya cuando Hitler empezó a prometerles el mundo, el pueblo empezó a dudar. Ya era muy tarde cuando se dieron cuenta de que tenían un loco al frente. Mientras relataba, pedía disculpas. Nos despedimos y luego me voy a mi lugar de billar a jugar carambola. Me hago amigo de un muchacho mexicano, Rubén quien resulta ser profesor de un gimnasio en el centro de Guadalajara. El me invita a visitar la zona roja. El olor a cigarrillo, la música ranchera y las chicas inundan el local. Allí en el bar del burdel me saco los lentes de contacto, ya que me ardían los ojos. En un baño sucio salió volando el lente de contacto izquierdo pero vino a caer encima de una postal que había puesto al lado del espejo. Una prostituta se pone a leer la postal que llevaba conmigo.

EL FUTBOL JUVENIL

Durante mi época de entrenar a infantiles y juveniles tuve un equipo de chicos categoría 8 años. Era el último partido antes de las fiestas. Esto significó que algunos de mis jugadores ya se habían ido de vacaciones con sus familias. Estaba sin mi estrella y mi hijo. El partido fue contra los punteros quienes nos propiciaron una soberbia goleada de 7 a 0.

Dos meses más tarde nos tocó jugar la revancha. Esta vez tenía a todas mis fichas y estábamos preparados. Los dispuse tácticamente....John Paul, mi estrella, Sergio, mi hijo, el gordito de arquero y compañía...y los encomendé a Dios. El equipo contrario estaba tan confiado que el entrenador, no vino y mando a su asistente a dirigir a los suyos. No iba perder su tiempo con un equipo que había goleado 7-0.

Al empezar el juego me asegure que estábamos usando nuestro balón. Faltando 5 minutos para finalizar el primer tiempo íbamos arriba 2-0. El réferi pita penal para ellos y Joey su goleador manda un potente tiro que se estrella contra el horizontal y se va afuera. Los felicito a los chicos y les digo "Sigan así que vamos a ganar." Empieza el segundo tiempo, ellos se nos vienen encima pero en un espectacular contragolpe nos ponemos 3-0.

Los chicos se baten como leoncitos (entre ellos había también una nena (leoncita) y el árbitro les concede otro penal a los favoritos. Esta vez el entrenador rival se había percatado del balón y lo cambio por de ellos. Joey ejecuta el penal y el arquero hace tremenda atajada. ¡Segundo penal fallado! ¡La pelota sigue de arco a arco y embocamos el cuarto gol, 4-0, el resultado final! Nunca vi a padres e hinchas en completo estado de shock..........estaban totalmente aturdidos. Con las bocas abiertas no podían creer lo que había pasado. Se preguntaban:¿ COMO PUEDE SER? A ESTOS LOS HABIAMOS GOLEADO. ¿SERA EL MISMO EQUIPO? Los nuestros también no lo podían creer, pero estaban celebrando en éxtasis. Le había devuelto la confianza a los chicos quienes alegres disfrutaban del momento. Así es el futbol juvenil. Amén!

Peñarol F.C. Las Palmas, Lima. 1968 (combinado San Antonio-Miraf.-Surquillo) Mauro (Serapio) José Alcázar, Julián Peña. Papi López, Guillermo Llosa. Peter Rodríguez Abajo: Alejandro Albinco, Manuel Orellana (Manguera) Luis López, desc., Abuelito Cochoy Peña.

Circolo Deportivo Italiano 1937, Lima. Parados: Saravia, Guzmán, Portal, Salmon, Alcázar, Aggiuro, Velazco y Devoto. Primera línea: Baracco, Pimentel, Pinillos, Carranza, Romero y Mendiola. Los muchachos tenían que saberse a memoria el canto fascista de Mussolini. Poca cosa para poder jugar en canchas buenas.

Cuando son chicos hay que dejarlos correr y desarrollar sus aptitudes técnicas. Ya de adolecentes es bueno que el entrenador los prepare bien físicamente. En los Estados Unidos se le da también mucha importancia a la marcación defensiva. Nadie del equipo contrario puede entrar al área como Pedro en su casa. En los entrenamientos y en los partidos cada jugador tiene que tomar una marca o sea hacer el pressing. Si un contrario anota el defensor más cercano asume la responsabilidad. Después tiene que hacer piques o vueltas a la cancha acompañado por una sesión de planchas. Esto crea una buena ética de trabajo. He podido apreciar en el torneo sub 20 de Uruguay 2015 a las futuras estrellas de diversos países. En algunos equipos parecen desconocer la importancia de tener un buen funcionamiento defensivo y todos andan a la deriva y marcan pobremente. Esto también ocurre a nivel de mayores. Después sufren tremendas goleadas. Es vital que la unidad defensiva esté comunicándose todo el partido. No solo alentándose pero para tomar las marcas y estar atentos a las acciones de los contrarios. En esto los europeos nos llevan ventaja. Argentina ha mostrado muchísimo progreso en este campo. Por eso le pueden jugar de igual a igual a los europeos

CAPITULO IV
LA FINAL DIA 20 AL 23

Día 20 jueves 18 de Junio

    Seguimos de ronda nocturna ya en la madrugada. Mi amigo Rubén y yo en el bar conversando con las chicas, hasta que una se me cuadra, me da la espalda y me empieza a sobar con su trasero. Son como las 3 am así es que con la inercia de la naturaleza me invita a su cuarto y caemos en la cama. Anita procede a enseñarme sus encantos femeninos, y me da la bienvenida a Méjico. Nos trenzamos unas cuantas vueltas y entro en un sueño profundo. Al despertar no sé cómo, regreso al hotel. Amanezco con gran dolor en el ojo por el lente de contacto duro (los antiguos de plástico) defectuoso. Día de descanso, me como unas tres hamburguesas al hilo, estas si eran buenas. Todos los brasileros se han ido a la capital a acompañar a su equipo a la final.

PARTIDO DE ASCENSO. COMO LO VIVEN LOS CHES.

El año era 1994 y con mi señora estábamos visitando Córdoba, Argentina. Un primo, Luigi me había invitado para ir a ver la gran final de la primera B entre Talleres e Instituto para ver quien subía a la máxima categoría. Allí pude ver como los cordobeses viven el futbol. Ambos equipos eran locales pero la rivalidad era terrible. Primero tuvimos que pasar por un barrio dominado por los de Instituto. El primo le dijo a su hijo Sergio que escondiera la camiseta de Talleres para que no hubiera ningún problema. Recuerdo que dejamos el auto lejísimo y pasamos por un camino por el cual había que atravesar un rio. Un árbol grande caído actuaba como puente. Los hinchas íbamos en fila india. A un muchacho se le cayó una cámara al agua, ni modo, tuvo que seguir moviéndose. Al llegar al Chateau Carreras encontramos unas colas larguísimas para entrar al estadio. El público se empezó a arremolinar alrededor de los accesos. Varios policías a caballo arremetieron contra las masas y los que estábamos en la cola nos vimos todos retrocediendo y cayéndonos unos encima de los otros como una hilera de dominós. Linda manera de bautizar a un turista.

Una vez que estábamos adentro del estadio empezó la fiesta de serpentina y papeles por todos lados. No se podía ver bien la entrada de los equipos por la espesura del papel arrojado. Recuerdo que Talleres gano 3-1 y enseguida se desato una locura colectiva. El público invadió la cancha poniendo planchas de maderas y escaleras para pasar las fosas vacías que rodeaban la cancha. La policía, pese a que portaban escopetas, no pudieron hacer nada, y los hinchas corrían sueltos detrás de sus ídolos, agarrándolos y llevándoselos en andas. Algunos jugadores trataron de escapar pero era imposible, la masa de gente se apodero de ellos. Quedaron en calzoncillos ya que todo el mundo quería algún recuerdo de este histórico momento. Las

74

camisetas eran el recuerdo más codiciado, después zapatos de futbol, pantalones, medias, pedazos de las mallas del arco, pedazos del pasto...todo era repartido. Talleres de Córdoba había vuelto a primera.

Día 21, Viernes 19 de junio

Volviendo al mundial 70, caminando por el centro se oía a toda voz la canción brasilera "País Tropical" que estaba en todo su apogeo. Quizás la canción del mundial ya que la Fifa todavía no había hecho canción oficial del mundial como harían en los años venideros. Había nacido el hijo de Rubén así es que nos fuimos al hospital a conocer a su heredero y a la señora. Con Rubén como nuevo guía de turismo fuimos por toda la ciudad a pie. Terminamos en un lugar que tenía fulbito de mano, donde jugamos hasta hartarnos. Y de noche turismo en la zona roja. Ya llevo tres semanas en la hermana república de México.

EL FUTBOL ES SOCIAL Y ¿QUIEN ES EL MEJOR?

El futbol es un balón, el futbol es pasión, el mundo unido por un balón. Puedes estar en cualquier parte del mundo y aunque no hables el idioma, si ves un grupo jugando o pateando un balón, te acercas y tranquilamente te incorporas. Socializas y al mismo tiempo estás haciendo un ejercicio sano.

¿PELE, MESSI o MARADONA?   De que los tres fueron fenómenos y Messi lo sigue siendo, no hay duda. Tuve la oportunidad de ver a los tres. Con toda seguridad es el tridente más famoso y dotado que ha jugado futbol en este planeta. A Pele lo pongo encima de Maradona porque fue un jugador completo de toda la cancha. Ambos apilaban rivales con extrema facilidad porque la tenían atada al pie. Pele metía goles de cabeza y no tuvo problema de ponerse la casaca de arquero en una emergencia. A Maradona el más controversial y pícaro de los tres se le aludían poderes divinos…..por la "Mano de Dios" y el milagroso gol que inmediatamente anotó después del gol divino. En Buenos Aires sus fanáticos fundaron la iglesia Maradoniana para rendirle homenaje. Y en Nápoles es héroe nacional.

Los tres no eran muy altos con el centro de gravedad más cerca al suelo para mejor explosión y rapidez. Pele jugó en una época que el futbol no era tan defensivo pero si había mucha violencia. Messi más bien juega en una época donde el futbol es más defensivo, pero se las ingenia para esquivarlas y meter goles. Muchos que lo ponen a Maradona sobre Pele simplemente no lo vieron jugar a Pele. Como diría el Chito Orlando La Torre: "Pele por una nariz!". En fin, los tres serán los fenómenos del mundo por sus logros y talentos. Argentina ha sido bendecida por haber sido cuna de dos de estos monstruos super dotados. Tres si queremos contar a nuestro querido Alfredo di Stefano quien partió al cielo Julio del 2014 pasado.

José Alcázar, Pate Yuca y Adelfo Magallanes , El Bolido. 1943

Día 22 sábado 20 de junio

,

      Rubén y los muchachos peruanos me habían recomendado ir a conocer el lago de Chapala. Esta como a una hora de Guadalajara. Tomo el camión (ómnibus) en el cual converso con dos morenitas norteamericanas quienes también hacían el viaje. Allá encuentro una playita que tiene su restaurante. El lago es enorme y está rodeado de montañas. Los mariachis vienen tocando animadamente dentro de un local vecino. De repente empiezan a tocar una canción que a través de los tiempos se convertirá en mi favorita....”La Negra”.........¿será para las norteamericanas? El feeling y el ambiente es espectacular.....quien puede pedir más....sol, playa, música y buen ambiente. Como dicen los gringos “”It dosen’t get any much better than this.” .....traducido al castellano seria.....”¡Mejor momento que este, difícil”!.

El sol está que arde así es que me meto al agua y me propongo nadar hasta los botes de los pescadores que estaban a unos 100 metros. Me subo a un bote y luego de inspeccionar el área me zambullo al agua que es una piscina y vuelvo nadando a la playa. Allí en el restaurante, pido un pescado frito con arroz y Pepsi para poner broche de oro a la excursión. Al mismo tiempo están pasando el partido Alemania –Uruguay por el tercer puesto. Los alemanes anotan temprano pero es increíble la cantidad de goles que los uruguayos se fallan. Tienen varios tiros en los palos y el arquero alemán hace grandes salvadas. Nunca vi a un equipo con tanta suerte (los teutones). No es el día de los celestes y Alemania gana por la mínima y se lleva el 3er puesto..

Después me subo al bus de regreso y entablo conversación con varios estudiantes. Aparte de futbol la conversación cubre también la tragedia estudiantil que ocurrió antes del mundial a manos del ejército. Ellos verifican que fueron en los centenares las bajas y no en los miles. Trágicamente la situación en México en tiempos modernos ha empeorado y como en Chiapas estudiantes han desaparecido víctimas de una violencia sin fin.

LOS MUNDIALISTAS

MODERNIZACION DE LOS ARBITRAJES

La modernización del futbol se tiene que hacer si o sí. La Fifa es un dinosaurio, lleno de burocracia y anacronismos para hacer cambios. El futbol de hoy es muy diferente al de tiempos antiguos. Es más rápido, más pícaro, más mañoso. Un réferi y dos líneas ya no son suficientes para tener control de todas las acciones. Deportes como el baloncesto, futbol americano y el tenis tienen más réferis. Sera vital tener el apoyo de un sistema video de re-play cuando haya alguna jugada polémica. Los dinosaurios dicen que hay que dejar al futbol como siempre fue, con arbitrajes mediocres, ya que el error humano del referí será proporcional y perjudicara o beneficiara a ambos equipos. ESTO ES PASADO DE MODA.

Propongo el uso del re-play donde se revisa la jugada. Que no sea abusada y que sea usada una vez cada tiempo por equipo. Especialmente cuando hay un gol de off-side que fue dado por bueno, algún penal polémico o pelota que pego en el travesaño y no es claro si reboto adentro o afuera. En la Europa league están experimentando con un referí extra detrás del arco. Se ha visto que en el basket de la NBA abusan de esto y cortan el juego demasiado tiempo. Por eso cada equipo solo debe tener 2 chances por juego. El 4to oficial revisara la jugada y dará el fallo. Estoy seguro que con el tiempo se volverán expertos. Muchos árbitros todavía tienen dificultades en diferenciar cuando el jugador se tira a la piscina. Los mañosos se han vuelto expertos en esto. El abuso del piscinazo en el área ha llegado a niveles ridículos. Hay que castigarlo y entrenar bien a los réferis. Una vez le preguntaron al gran Pele si y él había fingido alguna vez, y él les respondió "¡ NO SRES NUNCA....MIS PADRES ME CRIARON CATOLICO Y A NO SER TRAMPOSO!"

LOS FINALISTAS ITALIA Y BRASIL

Kendall College, Evanston, Ill. 1969 Parados: Coach, Drake Haugh, Humberto "Tito" Carlos, Mike Luisi, José Alcázar, Mike, Doug Guthrie, Unk. En cuclillas: Robert, Steve Grocheck, Tom Wylie, Ken Davis (Crazy Brazilian) & Roberto Groag. Sentados: Moe Lucenas y Greg Evans.

LA FINAL

Día 23 Domingo 21 de junio

Es el día de la gran final...BRASIL-ITALIA.....por razones que no recuerdo dormí hasta tarde y me despertó la bulla de un radio a todo volumen que pasaba las instancias de la gran final. Me levanto rápido y bajo al lobby del hotel a verlo en la tele. En un gran show de futbol donde Brasil se impone a Italia 4-1 dando catedra en lo individual y especialmente en el juego asociado. Pele, Gerson, Jairzinho y al mero mero final Carlos Alberto (capitán) anotan. Italia hizo méritos para que el partido no fuera tan abultado pero por cosas del futbol, el score queda así.

Sonando el pitazo final empecé preparativos para regresar a casa en los Estados Unidos. Había cumplido mi misión, había tenido la experiencia de haber vivido un mundial entero. El pueblo mejicano se portó muy bien con nosotros y no quise abusar de su confianza así es que Adiós compañeros de la vida! En mi diario escribo solamente: Final: Brasil-4 Italia-1

...........NOS VAMOS!............. REGRESO!

Recuerdo que en la frontera al querer reingresar, me mandaron a un cuarto los agentes yanquis a desnudarme completamente y revisarme al milímetro a mí y a las pertenecías que tenía en la mochila. Habré lucido un tanto hippie y desnutrido, pero no era tan bruto de querer traer algo que me perjudicara. En fin pase el examen de cachetes y regrese a Chicago por avión y luego New York. En una época en que muchos jóvenes iban a la guerra (Vietnam) yo fui a un evento de paz y convivencia con mis semejantes. Fui a un mundial. Viaje a Méjico a presenciar la más alta competencia del deporte de mis amores. En busca de aventura, amistad y nuevas experiencias y las encontré en abundancia. El pueblo mexicano se portó a las mil maravillas. Por eso, años más tarde la Fifa le otorgó otro mundial (1986), ya que el del 1970 fue todo un éxito lleno de buenos recuerdos.

Fui a conocer otra cultura, hispana que comparte nuestro mismo idioma. Las experiencias y amistades que hice siempre quedaran grabadas en la memoria. Fui a ganar en experiencia, y a madurar como ser humano. En vez de buscar adicciones con las drogas que azotaban a la juventud y a mí familia, mi adicción fue el fútbol gracias a Pate Yuca, Popeye y haber vivido en el Perú.

La juventud es uno de los tesoros más preciosos que nos ha dado Dios. La juventud sueña, la juventud quiere palpar, conocer, ver y cambiar al mundo, mejorándolo en lo que se puede. La juventud con sus bríos y energía lucha contra los malestares que nos afligen, cargados de ilusiones positivas por hacer un mundo mejor. Otros seres humanos quizás por ignorancia, quizás por avaricia y codicia viven estancados y han creado un mundo con limitaciones que dan lugar a diversas crisis que se repiten absurdamente. Como las guerras, crisis financieras, pobreza, contaminación ambiental etc. Todo para manipular y controlar las masas.

Tengo la fe que algún día veremos un mundo mejor, un mundo iluminado por principios puros, nobles y honorables, todos trabajando juntos por la paz y mejor calidad de vida. Siempre sigan sus sueños y proyectos que la vida es una sola y el tiempo no afloja. VIVA LA JUVENTUD QUE CON SU POSITIVISMO CONTAGIANTE QUE CONTRIBUYE A HACER DE ESTE MUNDO UN LUGAR MEJOR.

Pele en andas...Brasil Campeón 1970

LA FIFA

Es increíble el poder de la Fifa que empezó como una organización que organizaba los mundiales. Ahora es una entidad internacional basada en Suiza que mueve billones. Se dieron cuenta de que podían hacer cantidades increíbles vendiendo los derechos de transmisión y con dinero de los sponsors y corporaciones grandes como Coca Cola, Adidas, Nike, Pepsi, Mac Donald's. Tipos como

Havalange y Blatter formaron sus imperios y les dieron trabajo, dinero y muchos beneficios a sus familiares, amigos y allegados. Si un país quería postular para algún mundial, ya sea juvenil o mayores había que poner billete.

Cuando llegaban las elecciones para la presidencia, delegados de muchos países se encontraban con su sobrecito con cinco mil dólares, pasado por debajo de la puerta, para asegurar su voto. Viajes en jets privados, hoteles de 5 estrellas, salarios y viáticos sin tener que rendir cuentas, ninguna transparencia en los teje-manejes,etc. Les recomiendo que lean el libro, "FOUL" de Andrew Jennings. El futbol siempre fue el deporte del pueblo........estos Sres. deberían devolver lo que le deben al pueblo. No solo haciendo canchas de futbol y estadios, pero ayudar en las distintas infraestructuras de los países pobres y donde haya miseria. La Fifa no debería ser usado para perpetuarse en el poder y vivir como el príncipe de Java. Ha habido concursantes a la presidencia con muy buenas intenciones pero es muy difícil entrar. Los que están en el poder no la quieren soltar. Es casi como una monarquía.

Hacen unos años Blatter, quizás sonando le dijo a un reportero de que estaba pensando hacer los mundiales cada dos años. Las federaciones y prensa internacional no podía creer lo que estaban oyendo. Esto significaría la muerte de los clubes. Con los mejores jugadores permanentemente jugando largos procesos eliminatorios, las ligas entrarían en decadencia. Clubes y los fanáticos raramente verían a sus estrellas. Estos pasarían la mayor parte del tiempo, ausentes, viajando, entrenando, jugando y lesionándose con sus escuadras nacionales. Todos se tendrían que contentar de ver a sus equipos jugar con reservas o juveniles. Si uno quisiera destruir al fútbol esta sería la forma.

Solo había un aliciente...una copa mundial cada dos años significaría el doble de ganancias: de los derechos de televisión y el doble de dinero de McDonald's y Coca Cola.

Al despertar una tormenta mediática y la reprobación de otros miembros ejecutivos de la Fifa, Blatter tuvo que retractarse y ofrecer disculpas. Así como lo hacen hombres poderosos por donde quiera, primeros ministros, presidentes, jefes de corporaciones cuando se olvidan por un momento que su deber está ligado a un tipo de proceso democrático y no a lo que se le pueda ocurrir hacer en cualquier momento determinado.

Actualmente la Fifa y la Federación de Futbol de Canadá enfrentan un litigio judicial por parte de 60 jugadoras quienes jugaran el MUNDIAL FEMENINO del 2015. Aunque aseguraron que no boicotearán el evento, denuncian discriminación. ¿ Porque los mundiales masculinos se llevan a cabo en "pasto natural" y las mujeres deben de jugar en "pasto sintético"?

Está comprobado que el astro turf conduce a mas lesiones que el pasto natural y el cuerpo se recupera mejor con el natural. La gran mayoría de jugadores prefiere el pasto natural. La pelota rebota distinto y es más rápida en el artificial. Una caída es pasto natural es más bondadosa que en artificial. Quizás en el Sahara (aunque el astro turf se recalienta) o en lugares de mucho frio, el pasto sintético sería más apropiado. Hasta el estadio José Díaz en Lima cayó bajo el embrujo de la huachafería del "pasto sintético" hasta que volvió a imperar la razón y volvieron a poner pasto natural para beneplácito y bienestar del deporte y los deportistas. Pobres chicas están lidiando con unas de las estructuras más anacrónicas y corruptas del mundo. Con los billones que barajan, ¿qué les costaría por lo menos cambiar una cancha (millón y medio) a pasto natural? El artista Tom Hanks y Tim Howard golero de la selección USA ya les mandaron sus mensajes de apoyo.

En su último comunicado la Fifa dijo que las 6 canchas de pasto sintético ya están, y no tienen un plan B.

Nota: "Le pedí a Dios que me concediera el poder practicar el futbol hasta los 50 años. Me dio diez más ....llegue hasta los 60....no me puedo quejar y me retiro agradecido.

Fuentes:

-Víctor Hugo y Roberto Perfumo. Hablemos de Fútbol.

-Taringa, Jugadores más violentos, fútbol argentino.

-Wikipedia Paul Elliot versus Dean Saunder, Premier League. Bertuzzi versus Moore NHL

-Universidad de Buenos Aires. Facultad de Derecho & Ciencias, Responsabilidad de lesiones por el deporte.

-Códigos del futbol español.

-Diario el Comercio 2010..Canchas de futbol en Lima.

-The Post & Courier, Grass versus Artificial Turf. The Battle Heats Up for Women's World Cup, Canada.

-Gracias a mi esposa, profe de castellano por el apoyo.

www.ingramcontent.com/pod-product-compliance
Lightning Source LLC
Chambersburg PA
CBHW070548030426
42337CB00016B/2400